"十四五"职业教育国家规划教材

汽车传动系统维修
（第2版）

主　编　梁家生
副主编　江　巍　潘子军　林　检

北京理工大学出版社
BEIJING INSTITUTE OF TECHNOLOGY PRESS

内容简介

本书根据汽车类专业教学标准及从事汽车职业的在岗人员对基础知识、基本技能和基本素质的需求，结合汽车专业人才培养的目的，重点介绍汽车传动系统概述、离合器的构造与维修、手动变速器的构造与维修、自动变速器的构造与维修、万向传动装置的构造与维修、驱动桥的构造与维修等内容。

全书讲解清晰、简练，配有大量的图片，明了直观。本书按照汽车维修作业项目的实际工艺过程，结合目前职业院校流行的模块化教学的实际需求，理论联系实际，重视理论，突出实操。

本书适合作为职业院校汽车专业的教材，也可作为汽车售后服务站专业技术人员的培训教材。

版权专有　侵权必究

图书在版编目（CIP）数据

汽车传动系统维修 / 梁家生主编 . —2 版 . —北京：北京理工大学出版社，2023.7 重印
ISBN 978-7-5682-7733-4

Ⅰ.①汽…　Ⅱ.①梁…　Ⅲ.①汽车 - 传动系 - 车辆修理 - 岗位培训 - 教材　Ⅳ.① U472.41

中国版本图书馆 CIP 数据核字（2019）第 248863 号

出版发行 / 北京理工大学出版社有限责任公司	
社　　址 / 北京市海淀区中关村南大街 5 号	
邮　　编 /100081	
电　　话 /（010）68914775（总编室）	
（010）82562903（教材售后服务热线）	
（010）68944723（其他图书服务热线）	
网　　址 / http：//www.bitpress.com.cn	
经　　销 / 全国各地新华书店	
印　　刷 / 河北佳创奇点彩色印刷有限公司	
开　　本 / 787 毫米 × 1092 毫米　1/16	责任编辑 / 陆世立
印　　张 /10.75	文案编辑 / 陆世立
字　　数 /240 千字	责任校对 / 周瑞红
版　　次 /2023 年 7 月第 2 版第 2 次印刷	责任印制 / 边心超
定　　价 /37.00 元	

图书出现印装质量问题，请拨打售后服务热线，本社负责调换

前言 preface

党的二十大报告提出："坚持把发展经济的着力点放在实体经济上，推进新型工业化，加快建设制造强国、质量强国、航天强国、交通强国、网络强国、数字中国。"截至2022年9月底，我国汽车保有量已达3.15亿辆。在这种形势下，汽车维修、售后服务以及汽车销售人才所存在的缺口问题越来越严重。特别是建立在先进传感技术基础上的故障诊断系统在各种汽车上大量应用之后，各种现代化检测诊断仪器和维修技术也应运而生，现代汽车已发展成为机电一体化的高科技载体。这给汽车维修业带来了极大的机遇和挑战，同时也对汽车维修人员的技术水平提出了更高、更新的要求。

为深入贯彻党的二十大精神，加快推动产业结构、能源结构、交通运输结构等调整优化，积极推进课程改革和教材建设，校企"双元"联合开发教材，为职业教育教学提供更加丰富、多样的实用教材，适应经济发展、产业升级和技术进步，满足交通运输业科学发展的需要。北京理工大学出版社特邀请一批知名行业专家、学者以及一线骨干教师，按照"专业设置与产业需求对接、课程内容与职业标准对接、教学过程与生产过程接"的"三对接"要求，出版了该套图解版汽车职业教育系列教材。

本系列教材坚持如下定位：

★以就业为导向，培养学生的实际运用能力，以达到学以致用的目的；

★以科学性、实用性、通用性为原则，以使教材符合职业教育汽车类课程体系设置；

★以提高学生综合素质为基础，充分考虑对学生个人能力的提高；

★以内容为核心，注重形式的灵活性，以便于学生接受。

本系列坚持理论知识图解化的基本理念，教材配有大量的插图、表格和立体化教学资源，介绍了大量的故障诊断、维修服务和营销案例。

★在内容上强调面向应用、任务驱动、精选案例、严控质量；

★在风格上力求文字简练、脉络清晰、图表明快、版式新颖；

★在理论阐述上，遵循"必需""够用"的原则，在保证知识体系相对完整的同时，做到知识讲解实用、简洁和生动。

本书共分为6个课题，包括汽车传动系统概述、离合器的构造与维修、手动变速器的构造与维修、自动变速器的构造与维修、万向传动装置的构造与维修、驱动桥的构造与维修等内容。

本书图文并茂、通俗易懂，适合作为职业院校汽车专业教材，也可作为汽车售后服务站专业技术人员的培训教材。

由于作者水平有限，书中可能会有疏漏和不妥之处，欢迎读者批评指正。

编　者

目录 CONTENTS

课题一　汽车传动系统概述 …………………………………………… 1
  任务一　汽车传动系统的组成与功能 ……………………………… 1
  任务二　汽车传动系统的工作原理 ………………………………… 7
  任务三　汽车传动系统的布置形式和分类 ………………………… 8

课题二　离合器的构造与维修 ………………………………………… 11
  任务一　离合器的分类和作用 ……………………………………… 11
  任务二　离合器的构造与工作原理 ………………………………… 19
  任务三　离合器的拆装与故障诊断 ………………………………… 23

课题三　手动变速器的构造与维修 …………………………………… 35
  任务一　手动变速器的构造及作用 ………………………………… 35
  任务二　手动变速器的工作原理 …………………………………… 43
  任务三　分动器的分类、作用、工作原理和常见故障及案例 …… 47
  任务四　手动变速器的拆装与故障诊断 …………………………… 51

课题四　自动变速器的构造与维修 …………………………………… 76
  任务一　自动变速器的结构与分类 ………………………………… 76
  任务二　自动变速器的工作原理 …………………………………… 91
  任务三　自动变速器的维护与使用方法 …………………………… 94
  任务四　自动变速器的拆装与常见故障维修 ……………………… 100

课题五　万向传动装置的构造与维修 ………………………………… 121
  任务一　万向传动装置的结构与分类 ……………………………… 121
  任务二　万向传动装置的工作原理 ………………………………… 128
  任务三　万向传动装置的拆装与故障检测 ………………………… 129

课题六 驱动桥的构造与维修 ·················· **138**

    任务一 驱动桥的结构与作用 ·················· 138
    任务二 驱动桥的分类 ·················· 151
    任务三 驱动桥的拆装 ·················· 154
    任务四 驱动桥常见故障的检修 ·················· 158

参考文献 ·················· **163**

课题一 汽车传动系统概述

[学习任务]

1. 了解汽车传动系统的组成与功能。
2. 了解汽车传动系统的工作原理。
3. 了解汽车传动系统的布置形式和分类。

[技能要求]

1. 掌握汽车传动系统的组成。
2. 掌握汽车传动系统的工作原理。

任务一 汽车传动系统的组成与功能

一、汽车传动系统的组成

汽车发动机与驱动轮之间的动力传递装置称为汽车传动系统。它应保证汽车具有在各种行驶条件下所必需的牵引力、车速，以及保证牵引力与车速之间协调变化等功能，使汽车具有良好的动力性和燃油经济性；还应保证汽车能倒车，以及左、右驱动轮能适应差速要求，并使动力传递能根据需要而平稳地结合或彻底、迅速地切断。

汽车传动系统一般由离合器、变速器、万向传动装置、主减速器、差速器和半轴等组成，如图1-1所示。其基本功用是将发动机发出的动力传递给汽车的驱动车轮，产生驱动力，使汽车能在一定速度上行驶。

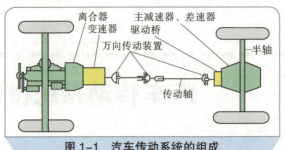

图1-1 汽车传动系统的组成

1. 离合器

离合器安装在发动机与变速器之间，是汽车传动系统中直接与发动机相联系的总成件。通常离合器与发动机曲轴的飞轮组安装在一起，是发动机与汽车传动系统之间切断和传递动力的部件。汽车从起步到正常行驶的整个过程中，驾驶员可根据需要操纵离合器，使发动机和传动系统暂时分离或逐渐接合，以切断或传递发动机向传动系统输出的动力。离合器的作用是使发动机与变速器之间能逐渐接合，从而保证汽车平稳起步；暂时切断发动机与变速器之间的联系，以便于换挡和减少换挡时的冲击；当汽车紧急制动时能起分离作用，防止变速器等传动系统过载，从而起到一定的保护作用。如图1-2所示为汽车离合器示意图。

图1-2 汽车离合器

离合器类似于开关，起到接合或断离动力传递的作用，离合器机构其主动部分与从动部分可以暂时分离，又可以逐渐接合，并且在传动过程中还有可能相对转动。离合器的主动件与从动件之间不可采用刚性联系。任何形式的汽车都有离合装置，只是形式不同而已。

2. 变速器

变速器分为驾驶员手动操作的手动变速器和根据运行状态自动判断最佳转速的自动变速器。对转速比（即驱动力比）进行变换的装置称为变速器。

变速器实物如图1-3所示。

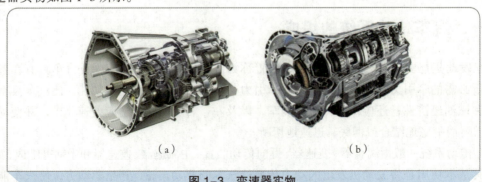

（a）　　　　　　　　　　　（b）

图1-3 变速器实物

（a）手动变速器；（b）自动变速器

任务一　汽车传动系统的组成与功能

现代汽车所用的发动机转速与转矩的变化范围有限，但是汽车的行驶条件变化很大，使得汽车对驱动力和车速的要求也在很大范围内变化。比如，汽车起步时车速不需要太高，但是需要较大的驱动力；而在高速路上行驶时，驱动力不需要太大，却需要较高的车速。汽车的这种需求特点就与发动机的转速—转矩特性相矛盾，变速器恰恰可以解决这个矛盾。变速器的功用如下：

（1）主动齿轮、从动齿轮

输入轴可理解为是与离合器连接的装置，并在发动机驱动下转动，固定在输入轴上的齿轮随之同步转动，该齿轮称为主动齿轮，此后与输出轴连接为一体的齿轮被迫转动，所以该齿轮称之为从动齿轮。

（2）传动比

从动齿轮的齿数与主动齿轮的齿数之比定义为传动比，用字母 i 表示。当从动齿轮的齿数与主动齿轮的齿数之间的关系发生变化时，传动比 i 也随之改变，在发动机转速不变的条件下，会影响输出轴转速的改变，即车轮转速改变。一对相互啮合的齿轮，使用中齿数不会变化，因此它的传动比是固定不变的。若在输入轴上装有若干个齿数不等的齿轮与输出轴上的对应齿数也是变化的齿轮啮合，则可以获得一组传动比 i 不同的有级式变速器。汽车变速器就是按照这个基本原理实现换挡变速。

（3）前进挡、倒挡、空挡

前进挡，能够使汽车向前行驶的挡位。倒挡，能够使汽车倒退行驶的挡位。空挡，变速器中各挡齿轮都不在工作位置上，此时发动机动力输入到输入轴后，不再向输出轴传输。

（4）直接挡

发动机动力不经过变速器中的任何齿轮的传递，而是经变速器输入轴和与它直接连接为一体的输出轴直接输出的挡位称为直接挡。直接挡传动比为1。

（5）超速挡

超速挡即输出轴的转速高于输入轴转速的挡位。

（6）挡数

挡数是指有级式齿轮变速器所具有的挡位的数量。常用齿轮变速器的挡数为四到五挡，而三挡变速器已不多见。挡数越多，汽车对行驶条件的适应性越好，油耗越低，但变速器传动机构与操纵机构也越复杂，使操纵困难，成本也高。

（7）低挡、高挡

在变速器的挡位中，数字小的挡位叫作低挡，数字越小的挡位，传动比越大，牵引力也越大，而车速却越低。如一挡的传动比在前进挡位中最大，车速最低，牵引力最大。数字大的挡位称高挡，数字越大，传动比越小，牵引力也越小，但车速却越高。

（8）换挡

变速器完成传动比的变换过程称为换挡。接合套换挡是通过与齿轮一体，位于齿侧的接合齿圈与接合套相互啮合（或分开）来实现传动比变换的。同步器换挡是利用同步器来换挡的，在换挡时不仅接合齿上没有冲击和噪声，而且换挡时间也短。

（9）跳挡

汽车行驶中因接合齿磨损和振动等，导致接合套与接合齿圈分开而使变速器处在空挡状态。

3. 万向传动装置

万向传动装置是用来在工作过程中相对位置不断改变的两根轴间传递动力的装置，如图1-4所示。其作用是连接不在同一条直线上的变速器输出轴和主减速器输入轴，并保证在两轴之间的夹角和距离经常变化的情况下，仍能可靠地传递动力。它主要由万向节、传动轴和中间支承组成。安装时必须使传动轴两端的万向节叉处于同一平面。

图1-4 万向传动装置

4. 主减速器

主减速器是在传动系中起降低转速，增大转矩作用的主要部件，当发动机纵置时还具有改变转矩旋转方向的作用。它是依靠齿数少的齿轮带动齿数多的齿轮来实现减速的，采用圆锥齿轮传动则可以改变转矩旋转方向。将主减速器布置在动力方向驱动轮分流之前的位置，有利于减小其前面的传动部件（如离合器、变速器、传动轴等）所传递的转矩，从而减小这些部件的尺寸和质量。如图1-5所示为主减速器。

图1-5 主减速器

5. 差速器

汽车差速器是能够使左右（或前后）驱动轮实现以不同转速转动的机构。其主要结构是由左右半轴齿轮、两个行星齿轮及齿轮架组成，如图1-6所示。其功用是当汽车转弯行驶或在不平路面上行驶时，使左右车轮以不同转速滚动，即保证两侧驱动车轮作纯滚动运动。差速器是为了调整左右轮的转速差而装置的。在四轮驱动时，为了驱动四个车轮，必须将所有的车轮连接起来，如果将四个车轮机械连接在一起，汽车在曲线行驶的时候就不能以相同的速度旋转。为了能让汽车在曲线行驶时旋转速度基本保持一致性，这时需要加入中间差速器用以调整前后轮的转速差。

图1-6 差速器

6. 半轴

半轴是变速箱减速器与驱动轮之间传递扭矩的轴（以前实心居多，但由于空心轴转动不平衡且难以控制，因此，很多轿车上都采用空心轴），其内外端各有一个万向节分别通过万向节上的花键与减速器齿轮及轮毂轴承内圈连接。

半轴用来在差速器与驱动轮之间传递动力。普通非断开式驱动桥的半轴，可根据外端支承形式不同分为全浮式、3/4浮式和半浮式三种。

（1）全浮式半轴

全浮式半轴在工作时仅承受转矩，它的两端不承受任何力和弯矩，半轴的外端凸缘用螺栓紧固到轮毂上，轮毂又通过两个相距较远的轴承装在半轴套管上。结构上全浮式半轴的内端做有花键，外端做有凸缘，凸缘上有若干孔。因其工作可靠被广泛应用在商用车上，如图1-7所示为汽车全浮式半轴。

图1-7 汽车全浮式半轴

（2）3/4浮式半轴

3/4浮式半轴除承受全部转矩外，还要承受一部分弯矩。3/4浮式半轴最突出的结构特点是半轴外端仅有一个轴承，轴承支承着车轮轮毂。由于一个轴承的支承刚度较差，因此，这种半轴除承受转矩外，还要承受因车轮与路面间的垂直力、驱动力和侧向力所引起的弯矩作用。如图1-8所示为3/4浮式半轴，在汽车上应用很少。

图1-8 汽车3/4浮式半轴

（3）半浮式半轴

半浮式半轴以靠近外端的轴颈直接支承在位于桥壳外端内孔中的轴承上，半轴端部以具有锥面的轴颈及键与轮毂固定连接，或用凸缘直接与车轮轮盘及制动毂相连接。因此，除传递转矩外，还要承受车轮传来的垂直力、驱动力和侧向力引起的弯矩。半浮式半轴因结构简单、质量小、造价低，应用于乘用车和部分商用车上。如图1-9所示为汽车半浮式半轴。

图1-9 汽车半浮式半轴

二、汽车传动系统的功能

1. 起步功能

车辆动力传递时，需要具备反复将动力切断、连接的功能。车辆从静止状态到将发动机驱动力传递给变速箱输入轴，车辆开始行驶的过程中，驱动力要在两个不同转速的旋转半轴之间传递，这种功能称为起步功能。

车辆使用的起步装置分为摩擦离合器装置和液力传递装置。其中摩擦离合器装置分为两种：一种是与手动变速器组合使用的干式离合器；另一种是在润滑油环境中使用的湿式离合器。

2. 变速功能

发动机实现最佳输出特性的转速范围与实现最佳油耗特性的转速范围是不同的。而且车辆行驶状态中的低速、高速、加速、减速由于受周围环境与驾驶者的意图影响而有很大的变化。起步加速和高速巡航时，如果不改变发动机转速和车轴转速的比例，就很难高效率地利用发动机的输出功率。

自动变速器一般由具有起步、变速两个功能的液力变矩器和能够根据行驶状态自动选择不同多速比的液压式自动变速装置组成。

3. 驱动力的分配功能

四轮驱动车辆需要将驱动力分配到前、后轮，一般分为全时四轮驱动式和二轮、四轮驱动进行切换式两种形式。

4. 主减速功能

将变速器的输出转速最终转化为与车轴相适合的转速的齿轮装置称为主减速装置。当发动机和变速器相对于车辆纵向布置的时候，该主减速装置也应能够进行旋转方向的转换。

5. 差速功能

二轮驱动车的驱动车轮在左右两侧，车辆在行驶过程中，由于驱动轮的左右车轮行驶轨迹不同，需要相应的装置吸收左右车轮的转速差，并能进行驱动力分配。四轮驱动车的前后车轴也会产生转速差，同样需要该装置。另外，当单侧驱动轮空转时，为了将驱动力传动给另外的驱动轮，有时也需要对差速进行限制。

6. 驱动力方向转换功能

悬架系统搭载于发动机、传动装置及车轮之间，需要联轴节进行连接，在允许一定量的相对运动的基础上传递动力。联轴节要具有能够改变旋转轴方向和伸缩的功能。

任务二　汽车传动系统的工作原理

AT 传动系统与手动挡相比，在结构和使用上都有很大的不同。手动挡主要由齿轮和轴组成，通过不同的齿轮组合产生变速变矩；而 AT 传动系统是由液力变矩器、行星齿轮和液压操纵系统组成，通过液力传递和齿轮组合的方式来达到变速变矩。其中液力变矩器是 AT 传动系统最具特点的部件，它由泵轮、涡轮和导轮等构件组成，它直接输入发动机动力并传递转矩，同时具有离合作用。泵轮和涡轮是一对工作组合，它们就好似相对放置的两台风扇，一台风扇吹出的风力会带动另一台风扇的叶片旋转，风力成了动能传递的媒介，如果用液体代替空气成为传递动能的媒介，泵轮就会通过液体带动涡轮旋转，再在泵轮和涡轮之间加上导轮，通过反作用力使泵轮和涡轮之间实现转速差就可以实现变速变矩了。

由于液力变矩器自动变速变矩范围不够大，因此在涡轮后面再串联几排行星齿轮提高效率，液压操纵系统会随发动机工作变化自行操纵行星齿轮，从而实现自动变速变矩。辅助机构自动换位不能满足行驶上的多种需要，例如停泊、后退等，所以还设有干预装置即手动拨杆，标志P（停泊）、R（后位）、N（空位）、D（前进位），另在前进位中还设有"2"和"1"的附加挡位，用以起步或上斜坡之用。由于将其变速区域分成若干个变速比区段，只有在规定的变速区段内才是无级的，因此AT传动系统实际上是一种介于有级和无级之间的自动变速器。

液力自动变速器通常有两种类型：一种为前置后驱动液力自动变速器；另一种为前置前驱动液力自动变速器。液力自动变速器通过动力传动控制模块接收来自汽车上的各种传感器的电信号输入，根据汽车的使用工况对这些信息进行处理来决定液力自动变速器的运行工况。按照这些工况，动力传动控制模块给执行机构发出指令，并实现下列功能：变速器的升位和降位；一般通过操纵一对电子换位电磁阀在通、断两种状态中转换；通过电控压力控制电磁阀用以调整管路油压；变矩器离合器通过控制电磁阀来控制结合和分离时间，以完成升挡或降挡过程。

自动变速器主要是根据车速传感器、节气门位置传感器以及驾驶员踩下加速踏板的程度进行升位和降位控制。

任务三　汽车传动系统的布置形式和分类

一、汽车传动系统的布置形式

1. 前置后驱（FR）

前置后驱（FR）是指发动机前置、后轮驱动的汽车传动系统的布置形式。这是一种传统的布置形式。国内外的大多数货车、部分轿车和部分客车都采用这种形式。FR的优点是附着力大易获得足够的驱动力，整车的前后质量比较均衡，操控稳定性较好。缺点是传动部件多、传动系统质量大，贯穿乘坐舱的传动轴占据了舱内的地台空间。

2. 后置后驱（RR）

后置后驱（RR）是指发动机后置、后轮驱动的汽车传动系统的布置形式。在大型客车上多采用这种布置形式，少量微型、轻型轿车也采用这种形式。

优点：发动机后置，使前轴不易过载，并能更充分地利用车箱面积，还可有效地降低车身地板的高度或充分利用汽车中部地板下的空间安置行李，也有利于减轻发动机的高温和噪声对驾驶员的影响。

缺点：发动机散热条件差，行驶中的某些故障不易被驾驶员察觉。远距离操纵也使操纵机构变得复杂、维修调整不便。但由于优点较为突出，在大型客车上应用越来越多。

3. 前置前驱（FF）

前置前驱（FF）是指发动机前置、前轮驱动的汽车传动系统的布置形式。这种布置形式的操纵机构简单，发动机散热条件好。但上坡时汽车质量后移，使前驱动轮的附着质量减小，驱动轮易打滑；下坡制动时则由于汽车质量前移，前轮负荷过重，高速时易发生翻车现象。大多数轿车采取这种布置形式。

4. 中置后驱（MR）

中置后驱（MR）是指发动机中置、后轮驱动的汽车传动系统的布置形式。发动机放置在前、后轴之间，同时采用后轮驱动，类似F1赛车的布置形式。

MR的优点：轴荷分配均匀，具有很中性的操控特性。

MR的缺点：发动机占去了座舱的空间，降低了空间的利用率和实用性，因此MR大都是追求操控表现的跑车。

5. 四轮驱动（4WD）

由于四轮驱动（4WD）系统已能精确地调配扭矩在各轮之间的分配，所以高性能跑车出于提高操控性考虑也越来越多地采用四轮驱动。4WD的优点是四个车轮均有动力，地面附着率最大，通过性和动力性好。

越野汽车一般为全轮驱动，发动机前置，在变速箱后装有分动器将动力传递到全部车轮上。轻型越野汽车普遍采用4×4驱动形式，中型越野汽车采用4×4或6×6驱动形式；重型越野汽车一般采用6×6或8×8驱动形式。

二、汽车传动系统的分类

1. 机械式传动系统

机械式传动系统结构简单，工作可靠，在各类汽车上得到广泛的应用。其基本组成情况和工作原理：发动机的动力经离合器、变速器、万向节、传动轴、主减速器、差速器、半轴传给后面的驱动轮。并与发动机配合，保证汽车在不同条件下能正常行驶。为了适应汽车行驶的不同要求，传动系应具有减速增扭、变速、使汽车倒退、中断动力传递、使两侧驱动轮差速旋转等具体作用。

2. 液力传动系统

液力传动系统是组合运用液力和机械来传递动力。在汽车上，液力传动一般指液体传动，即以液体为传动介质，利用液体在主动元件和从动元件之间循环流动过程中动能的变化来传递动力。液力传动装置有液力耦合器和液力变矩器两种。液力耦合器只能传递扭矩，而不能改变扭矩的大小，可以代替离合器的部分功能，即保证汽车平稳起步和加速，但不能保证在换挡时变速器中的齿轮不受冲击。

课题一 汽车传动系统概述

液力变矩器则除了具有液力耦合器的全部功能外,还能实现无级变速,故其应用比液力耦合器广泛得多。但是,液力变矩器的输出扭矩与输入扭矩的比值范围还不足以满足使用要求,故一般在其后再串联一个有级式机械变速器而组成液力机械变速器以取代机械式传动系统中的离合器和变速器。液力机械式传动系统能根据道路阻力的变化自动地在若干个车速范围内分别实现无级变速,而且其中的有级式机械变速器还可以实现自动或半自动操纵,因此可使驾驶员的操作大为简化。但是由于其结构较复杂,造价较高,机械效率较低等缺点,除了高级轿车和部分重型汽车以外,一般轿车和货车很少采用。

3. 静液式传动系统

静液式传动系统又称容积式液压传动系统,主要由油泵、液压马达和控制装置等组成。发动机的机械能通过油泵转换成液压能,然后由液压马达再转换为机械能。由于机械效率低,造价高,使用寿命和可靠性不够理想,故只在某些军用车辆上开始采用。

4. 电力式传动系统

电力式传动系统主要由发动机驱动的发电机、整流器、逆变装置(将直流电转变为频率可变的交流电的装置)和电动轮(内部装有牵引电动机和减速器的驱动轮)等组成。电力式传动系统的性能与静液式传动系统相近,但电机质量比油泵和液压马达大得多,故只限在超重型汽车上应用。

思考与练习

一、填空题

1. 汽车传动系统一般由_____、_____、_____、_____、_____、_____等组成。
2. 传动系统的类型一般分为_____、_____、_____、_____四种。

二、判断题

1. 自动变速器换挡图中的升挡车速大于降挡车速,其主要目的是防止自动变速器频繁换挡。( )
2. 强制降挡油路、超速挡油路可以同时连通 3~4 挡换挡阀。( )
3. 万向传动装置的功用是在任何一对有轴间夹角、相对位置经常变化的两转轴之间传递动力。( )

三、选择题

1. 4×2 型汽车的驱动轮数为( )。
   A. 4　　　　B. 2　　　　C. 8　　　　D. 6
2. 变速器的操纵机构由( )等构成。
   A. 变速杆　　B. 变速叉　　C. 变速轴　　D. 安全装置
3. 对于五挡变速器而言,传动比最大的前进挡是( )。
   A. 一挡　　　B. 二挡　　　C. 四挡　　　D. 五挡

课题二　离合器的构造与维修

[学习任务]

1. 了解离合器的构造。
2. 了解并掌握离合器的工作原理。
3. 学会测量离合器踏板的自由行程。

[技能要求]

1. 掌握离合器的工作原理。
2. 掌握离合器踏板自由行程的测量方法。
3. 掌握离合器常见故障的检修。

任务一　离合器的分类和作用

一、离合器的分类

离合器分为电磁离合器、磁粉离合器、转差式电磁离合器和摩擦离合器。

1. 电磁离合器

电磁离合器靠线圈的通断电来控制离合器的接合与分离，如图2-1所示。

电磁离合器可分为干式单片电磁离合器、干式多片电磁离合器、湿式多片电磁离合器等。按电磁离合器工作方式又可分为通电结合和断电结合。如干式单片电磁离合器属于通电结合的电磁离合器，其工作原理为：线圈通电时产生磁力吸合"衔铁"片，离合器处于接合状态；线圈断电时"衔铁"弹回，离合器处于分离状态。

2. 磁粉离合器

在主动件与从动件之间放置磁粉，不通电时磁粉处于松散状态，通电时磁粉结合，主动件与从动件同时转动，如图2-2所示。

优点：可通过调节电流来调节转矩，允许有较大滑差。

缺点：有较大滑差时温升较大，相对价格高。

图2-1　电磁离合器

图2-2　磁粉离合器

3. 转差式电磁离合器

离合器工作时，主、从部分必须存在某一转速差才有转矩传递。转矩的大小取决于磁场强度和转速差。当励磁电流保持不变，其转速随转矩的增加而剧烈下降；当转矩保持不变，励磁电流减少，其转速减少得更加严重。

转差式电磁离合器由于主、从动部件间无任何机械连接，无磨损消耗，无磁粉泄漏，无冲击，调整励磁电流可以改变转速，所以作无级变速器使用，这些是它的优点。该离合器的主要缺点是转子中的涡流会产生热量，该热量与转速差成正比。低速运转时的效率很低，效率值为主、从动轴的转速比，即 $\eta = n_2/n_1$。适用于高频动作的机械传动系统，可在主动部分运转的情况下，使从动部分与主动部分结合或分离。

当主动件与从动件之间处于分离状态时，主动件转动，从动件静止；当主动件与从动件之间处于接合状态时，主动件带动从动件转动。转差式电磁离合器广泛应用于机床、包装、印刷、纺织、轻工及办公设备中。

4. 摩擦离合器

为了更好地理解和掌握膜片离合器的拆装和检修，需要收集摩擦离合器的其他相关信息。摩擦离合器可以从不同的角度分类：

（1）按从动盘的数目分类

摩擦离合器按从动盘的数目可以分为单片离合器、双片离合器和多片离合器。轿车，客车和部分中、小型货车多采用单片离合器，双片、多片离合器多用于重型车辆上。

（2）按压紧弹簧的形式分类

摩擦离合器按压紧弹簧的形式可以分为膜片弹簧离合器、中央弹簧离合器和周布弹簧离合器。周布弹簧离合器和中央弹簧离合器采用螺旋弹簧，分别沿压盘的圆周和中央布置；膜片弹簧离合器采用膜片弹簧，目前应用最广泛。本部分只介绍膜片和周布弹簧离合器。

1）膜片弹簧离合器

膜片弹簧离合器的分解如图2-3和图2-4所示。

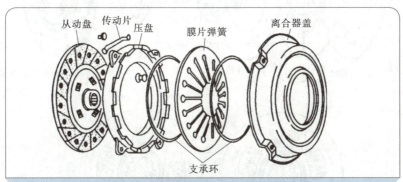

图2-3 膜片弹簧离合器的分解（一）

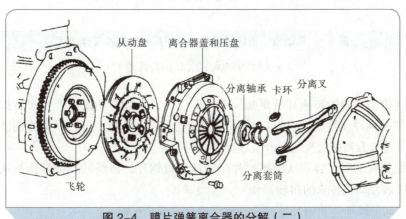

图2-4 膜片弹簧离合器的分解（二）

① 膜片弹簧离合器的构造。膜片弹簧离合器由主动部分、从动部分、压紧机构和操纵机构四部分组成。

主动部分由飞轮、离合器盖和压盘组成。离合器盖与飞轮由螺栓固定连接，并用定位销进行定位。压盘与离合器盖之间通过传动片传递转矩。传动片一端用铆钉铆在离合器盖上，另一端用螺钉连接在压盘上。

从动部分包括从动盘和输出轴。输出轴也是手动变速器的输入轴（一轴），离合器采用的从动盘都带有扭转减振器，其结构组成和工作原理如图2-5所示。从动盘钢片外圆周铆接有波形弹簧钢片，摩擦衬片分别铆接在弹簧钢片上，从动盘钢片与减振器盘铆接在一起，这两者之间夹有摩擦垫圈和从动盘毂。从动盘毂、从动盘钢片和减振器盘圆周上都有均与布置的窗孔，减震弹簧装在窗孔中。

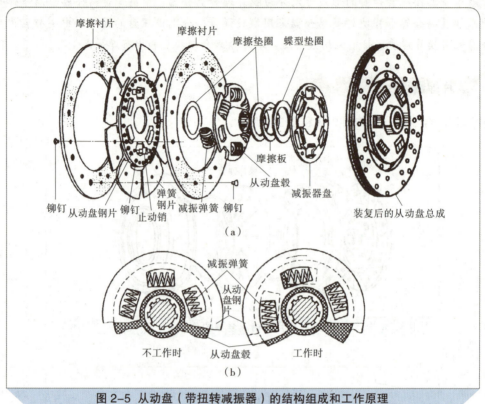

图2-5 从动盘（带扭转减振器）的结构组成和工作原理

（a）结构组成；（b）工作原理

发动机传到传动系统的转速和转矩是周期性变化的，导致传动系统产生扭转振动，这将使传动系统的零部件受到冲击性交变载荷，使其寿命减短、零件损坏。扭转减振器能够衰减传动系统的扭转振动，并使离合器接合变得柔和、平顺。

当从动盘受到转矩时，转矩从摩擦衬片传到从动盘钢片，再经减震弹簧传给从动盘毂，此时弹簧将被压缩吸收发动机传来的扭转振动。

摩擦衬片之间的波形弹簧钢片使离合器逐渐接合，起步平稳。

压紧机构是膜片弹簧，其径向开有若干切槽，形成弹性杠杆。切槽末端有圆孔，固定铆钉穿过圆孔，并固定在离合器盖上。膜片弹簧的外缘通过分离钩与压盘联系起来。同时膜片弹簧两侧装有前、后支承环，这两个支承环是膜片弹簧工作时的支点。

② 膜片弹簧离合器的工作原理。离合器盖未安装前，膜片弹簧不受力的作用而处于自由状态，此时离合器盖与飞轮之间有一段距离 S，如图2-6（a）所示。离合器盖安装在飞轮上时，离合器盖压向飞轮，消除了距离 S，膜片弹簧在支承环处受压产生弹性变形，此时膜片弹簧的外圆周对压盘产生压紧力使离合器处于接合状态，如图2-6（b）所示。当踩下离合器踏板时，分离轴承推动膜片弹簧，使膜片弹簧压在支承环上并以支承环为支点向后翘起，通过分离钩拉动压盘后移使离合器分离，如图2-6（c）所示。

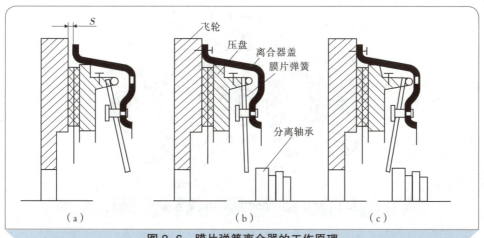

图 2-6 膜片弹簧离合器的工作原理

（a）安装前位置；（b）安装后（接合）位置；（c）分离位置

③ 膜片弹簧离合器的分类。膜片弹簧离合器根据分离杠杆内端受压还是受拉，可以分为压式膜片弹簧离合器和拉式膜片弹簧离合器。

● 压式膜片弹簧离合器。压式膜片弹簧离合器指分离离合器时，分离杠杆内端所受的力为推（压）力，如图 2-7（a）所示。桑塔纳 2000、红旗 CA7220 和解放 CA1091 的离合器均为此种形式。

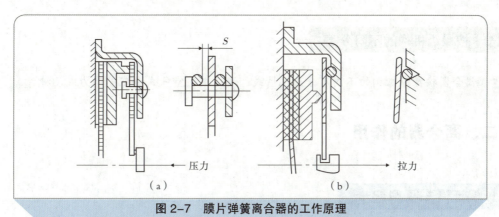

图 2-7 膜片弹簧离合器的工作原理

（a）压式膜片弹簧离合器；（b）拉式膜片弹簧离合器

● 拉式膜片弹簧离合器。拉式膜片弹簧离合器指分离离合器时，分离杠杆内端所受的力为拉力，如图 2-7（b）所示。其特点是膜片反装，即在接合状态下锥顶向前，离合器的支承环移动到膜片弹簧的外端，分离离合器时，须通过分离套筒将膜片中央部分向后拉。捷达轿车即采用这种离合器。

2）周布弹簧离合器

下面以东风 EQ1090E 型汽车的离合器为例介绍周布弹簧离合器，其构造如图 2-8 所示。

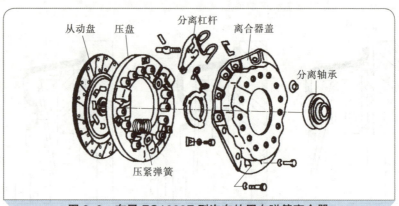

图 2-8　东风 EQ1090E 型汽车的周布弹簧离合器

① 主动部分。发动机飞轮、离合器盖和压盘构成离合器的主动部分。离合器盖用螺钉安装在发动机飞轮上。传动片把离合器盖和压盘连接起来。当分离时，传动片产生弯曲变形以使压盘可以后移。传动片除具有将离合器盖的动力传给压盘的作用外，还对压盘起导向和定心作用。

② 从动部分。从动部分由从动盘和输出轴组成，从动盘带有扭转减振器。

③ 压紧机构。沿圆周分布于压盘和离合器盖之间的压紧弹簧组成了离合器的压紧机构。在压紧弹簧的作用下，压盘将从动盘压向飞轮，使离合器处于接合状态。

（3）按操纵机构的不同分类

摩擦离合器按操纵机构的不同可分为机械式、液压式、空气式和空气助力式几种。

二、离合器的作用

1. 保证汽车平稳起步

保证汽车平稳起步是离合器的首要功能。在汽车起步前，自然要先起动发动机。而汽车起步时，是从完全静止的状态逐渐加速的。如果汽车传动系统与发动机刚性连接，只要变速器一挂上挡，汽车将突然向前冲一下，但并不能起步。这是因为汽车从静止到起步时，具有很大的惯性，对发动机造成很大的冲击。在这种惯性冲击的作用下，由于发动机在瞬间转速急剧下降到最低转速（一般为 300~500 r/min）以下，发动机将熄火而不能工作。因此，就需要离合器。在发动机起动后，汽车起步之前，驾驶员先踩下离合器踏板，将离合器分离，使发动机和传动系统脱开，再将变速器挂上挡，然后逐渐松开离合器踏板，使离合器逐渐接合。在接合过程中，发动机所受的阻力矩逐渐增大，故应同时逐渐踩下加速踏板，即逐步增加对发动机的燃料供给量，使发动机的转速始终保持在最低稳定转速上，而不致熄火。同时，由于离合器的接合紧密程度逐渐增大，发动机经传动系统传给驱动车轮的转矩便逐渐增加，直到牵引力足以克服起步阻力时，汽车即从静止开始运动并逐步加速。

2. 实现平顺的换挡

在汽车行驶过程中，为适应不断变化的行驶条件，传动系统经常要更换不同的挡位来进行工作。实现齿轮式变速器的换挡，一般是拨动齿轮或其他挂挡机构，使原用挡位的某一齿轮副推出传动，再使另一挡位的齿轮副进入工作。在换挡前必须踩下离合器踏板，中断动力传动，便于使原挡位的啮合副脱开，同时使新挡位啮合副啮合部位的速度逐步趋向同步，这样进入啮合时的冲击可以大大地减小，从而实现平顺地换挡。

3. 防止传动系统过载

当汽车进行紧急制动时，若没有离合器，则发动机将因和传动系统刚性连接而急剧降低转速，因而其中所有运动件将产生很大的惯性力矩（其数值可能大大超过发动机正常工作时所发出的最大扭矩），对传动系统造成超过其承载能力的载荷，而使机件损坏。有了离合器，便可以依靠离合器主动部分和从动部分之间可能产生的相对运动来消除这一现象。因此，需要离合器来限制传动系统所承受的最大扭矩，从而保证行驶安全。

三、离合器压盘的传动方式和离合器的通风散热

1. 离合器压盘的传动方式

压盘是离合器的主动部件，始终随飞轮旋转，通常可以通过凸台、键或销传动，使其与飞轮一同旋转，同时压盘又可以相对飞轮向后移动，使离合器分离，如图 2-9 所示。

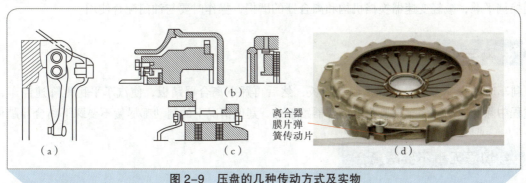

图 2-9　压盘的几种传动方式及实物
（a）凸台传动；（b）键传动；（c）销传动；（d）实物

2. 离合器的通风散热

在离合器从分离到接合的过程中，摩擦片与飞轮和压盘之间要发生摩擦，产生大量热量。这些热量需要及时散出，以避免摩擦片因温度过高而损坏，所以在离合器盖上都设有窗口，有的还制有导风片，以加强其内部的通风散热，如图 2-10 所示。

图 2-10 离合器盖的通风散热

四、如何正确使用离合器

1. 起步

起步时离合器的操作要领是一快、二慢、三联动,即在踏板抬起开始时快抬;当离合器出现半联动时踏板抬起的速度稍慢;在离合器踏板抬起的同时,根据发动机阻力大小逐渐踩下油门踏板,平稳起步。

2. 换挡

换挡时离合器踏板应迅速踩下并抬起,不要出现半联动的现象,否则会加速离合器的磨损。为使换挡平顺,减轻变速器换挡机构和离合器的磨损,操作时要与油门配合使用。

3. 刹车

刹车时的操作方法是先踩下制动踏板,然后再踩下离合器踏板,使汽车平稳地降速停车,行驶过程中除低速制动停车需要踩下离合器踏板外,其他情况下的制动都尽量不要踩下离合器踏板。

4. 切忌无事不要踩离合

汽车上的离合器在正常行车时,是处在紧密接合状态的,离合器应无滑转,在开车时除汽车起步、换挡和低速刹车需要踩下离合器踏板外,其他时间都不要踩离合,或把脚放在离合器踏板上,否则会使离合器磨损加重。

5. 切忌长时间把脚放在离合器上

长时间把脚放在离合器上很容易造成离合器打滑、离合器片烧蚀等现象,严重时甚至使离合器压盘、飞轮端面烧蚀拉伤,导致离合器压紧弹簧退火等故障。

任务二　离合器的构造与工作原理

一、离合器的组成

离合器由主动部分（包括飞轮、压盘、离合器盖）、从动部分（包括从动盘、从动轴）、压紧机构（压紧弹簧）和操纵机构（包括分离杠杆、分离轴承、分离拨叉、拉杆、离合器踏板、回位弹簧等）四部分组成，如图2-11所示。

离合器位于发动机和变速箱之间的飞轮壳内，用螺钉将离合器总成固定在飞轮的后平面上，离合器的输出轴就是变速箱的输入轴。在汽车行驶过程中，驾驶员可根据需要踩下或松开离合器踏板，使发动机与变速箱暂时分离和逐渐接合，以切断或传递发动机向变速器输入的动力。

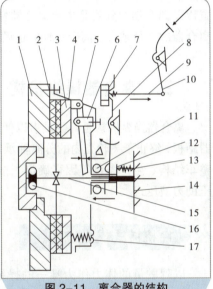

图2-11　离合器的结构

1—飞轮；2—从动盘；3—压盘；4—离合器盖；5—分离杠杆；6—支座；7—调整螺母；8—分离拨叉；9—拉杆；10—离合器踏板；11—分离轴承；12—分离套筒；13—回位弹簧；14—支架；15—离合器轴；16—离合器轴承；17—压紧弹簧

二、离合器的工作原理

对于手动挡的车型而言，离合器是汽车动力系统的重要部件，它担负着将动力与发动机之间进行切断与连接的工作。在城市道路或者复杂路段驾驶时，离合器成了使用最频繁的部件之一，而离合器运用的好坏，直接体现了驾驶员水平的高低，也起到了保护车辆的效果。

离合器是利用"离"与"合"来传递适量的动力。离合器由摩擦片、弹簧片、压盘以及动力输出轴组成，它位于发动机与变速箱之间，用来将发动机飞轮上储存的力矩传递给变速箱，以保证车辆在不同的行驶状况下传递给驱动轮适量的驱动力和扭矩，属于动力总成的范畴。在半联动的时候，离合器的动力输入端与动力输出端允许有转速差，也就是通过其转速差来实现传递适量的动力。

离合器分为三个工作状态，即踩下离合器的不联动，不踩下离合器的全联动，以及部分踩下离合器的半联动。当车辆起步时，司机踩下离合器，离合器踏板的运动拉动压盘向后靠，也就是压盘与摩擦片分离，此时压盘与飞轮完全不接触，也就不存在相对摩擦。当车辆在正常行驶时，压盘是紧紧挤靠在飞轮的摩擦片上的，此时压盘与摩擦片之间的摩擦力最大，输入轴和输出轴之间保持相对静摩擦，二者转速相同。最后一种是离合器的半联动状态，压盘与摩擦片的摩擦力小于全联动状态。此时，离合器压盘与飞轮上的摩擦片之间是滑动摩擦状态，飞轮的转速大于输出轴的转速，从飞轮传输出来的动力部分传递给变速箱。这种状态下，发动机与驱动轮之间相当于一种软连接状态。

一般来说，离合器是在车辆起步和换挡的时候发挥作用，此时变速箱的一轴和二轴之间存在转速差，必须将发动机的动力与一轴切开以后，同步器才能很好地将一轴的转速保持与二轴同步。挡位挂进以后，再通过离合器将一轴与发动机动力结合，使动力继续得以传输。在离合器中，还有一个不可或缺的缓冲装置。它由两个类似于飞轮的圆盘对在一起，在圆盘上打有矩形凹槽，且凹槽内布置弹簧，在遇到激烈的冲击时，两个圆盘之间的弹簧相互发生弹性作用以缓冲外界刺激，有效地保护了发动机和离合器。

在离合器的各个配件中，压盘弹簧的强度、摩擦片的摩擦系数、离合器的直径、摩擦片的位置以及离合器的数目是决定离合器性能的关键因素。弹簧的刚度越大，摩擦片的摩擦系数越高，离合器的直径越大，离合器性能也就越好。

三、离合器操纵机构

离合器操纵机构是驾驶员借以使离合器分离，而后又使之柔和接合的一套机构。它起始于离合器踏板，终止于飞轮壳内的分离轴承。离合器操纵机构的结构形式应根据对操纵机构的要求、车型、整车结构、生产条件等因素确定。按照分离离合器所用传动装置的形式分为机械式、液压式和气压助力液压式。

1. 机械式操纵机构

以驾驶员的体力作为唯一的操纵能源，它有杆系和绳索传动两种形式，如图 2-12 所示。杆系的特点是关节点多，摩擦损失大，工作时会受车架或车身变形的影响，且不能采用吊式踏板，载货汽车常用此类机构。绳索传动的特点是可消除杆系的缺点，适用吊式踏板，但操纵拉索寿命较短，拉伸刚度较小，常用于中、轻型轿车，微型汽车等。上述两种装置的共同优点是结构简单，成本低，故障少，缺点是机械效率低。

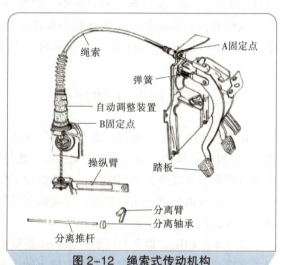

图 2-12 绳索式传动机构

2. 液压式操纵机构

液压式操纵机构是通过液压主缸将驾驶员施于踏板上的力放大，以操纵离合器传动装置，其特点是摩擦阻力小，质量小，布置方便，接合柔和，不受车身外形影响。液压式操纵机构常见于中、高级轿车和轻型客车中使用。如图 2-13 所示为液压式操纵机构。

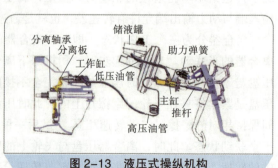

图 2-13 液压式操纵机构

3. 气压助力液压式操纵机构

在中、重型汽车上，为了既减少踏板力，又不致因传动装置的传动比过大而加大踏板行程，一般采用了气压助力液压式操纵机构。利用发动机带动的空气压缩机作为主要的操纵能源，驾驶员的肌体作为辅助的和后备的操纵能源。驾驶员能随时感知并控制离合器分离和接合程度（依靠气压助力装置的输出压力必须与踏板力和踏板行程成一定的递增函数关系）。当气压助力系统失效时，保证仍能人力操纵离合器。如图 2-14 所示为气压助力液压式操纵机构。

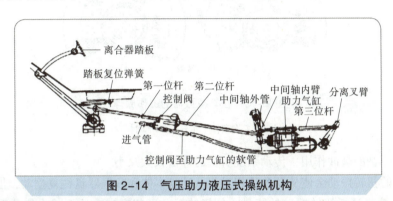

图 2-14 气压助力液压式操纵机构

4. 使用操纵机构应注意的事项

①气压操纵机构的系统压力必须大于 0.22 MPa。
②气压助力液压操纵机构的储气筒内压缩空气的压力必须达到规定的标准（≥ 450 kPa），否则踩踏离合器踏板时会感到沉重。
③应确保液压工作缸、主缸和助力器各部件的密封性，如有漏泄，踩离合器踏板时也会感到沉重。
④液压工作缸、主缸和助力器的各运动件，要求动作灵活，不得有任何卡滞现象。
⑤应及时更换老化了的膜片。

四、扭转减振器

扭转减振器是汽车离合器中的重要元件，主要由弹性元件和阻尼元件等组成。其中弹性元件用来降低传动系统的首端扭转刚度，从而降低传动系统扭转系统的某阶固有频率，改变系统的固有振形，使之能避开由发动机转矩主谐量激励引起的激励；阻尼元件用以有效耗散振动能量。

1. 扭转减振器的作用

①降低发动机曲轴与传动系统接合部分的扭转刚度，从而降低传动系统扭振固有频率。
②增加传动系统扭转阻尼，抑制扭转共振相应的振幅，并衰减因冲击产生的瞬态扭振。
③控制动力传动总成怠速时离合器与变速器轴系的扭振，消除变速器怠速噪声和主减速器、变速器的扭振及噪声。
④缓和非稳定工况下传动系统的扭转冲击载荷，改善离合器的接合平顺性。

2. 扭转减振器的工作原理

从动盘不工作时如图2-15（a）所示。从动盘工作时，两侧摩擦片所受摩擦力矩首先传到从动盘本体和减振器盘上，再经若干个减振器弹簧传给从动盘毂。这时弹簧被压缩，如图2-15（b）所示。

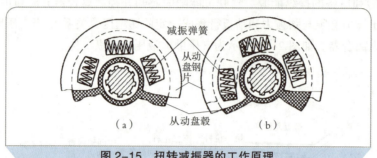

图 2-15 扭转减振器的工作原理

（a）不工作时；（b）工作时

因为减振器弹簧的缓冲作用，传动系统所受的冲击大大减小。

传动系统中的扭转振动会使从动盘毂相对于从动盘本体和减振器盘往复摆动，借助夹在它们之间的阻尼片的摩擦来消耗扭转振动的能量，使扭转振动迅速衰减，从而减小传动系统所受的交变应力。

3. 变刚度扭转减振器

为了更有效地避免传动系统共振，降低传动系统的噪声，有些汽车离合器从动盘中采用两组或更多组刚度不同的减振器弹簧，并将装弹簧的窗口长度做成尺寸不一的，利用弹簧先后起作用的办法获得变刚度特性。

如图2-16所示为某乘用车从动盘，它采用两级减震装置。

第一级为预减震装置，它的角刚度很小，主要是减小由于发动机怠速不稳而引起的变速器中常啮合齿轮间的冲击和噪声。另外，当传动系统在小转矩负荷下工作（包括减速滑行）时，也能减小变速器和主减速器内齿轮和系统内其他机件的扭转振动和噪声。

第二级减振器弹簧用与发动机气门弹簧同样的钢丝制成，刚度较大，它只有在从动盘毂与从动盘本体正向（发动机带动传动系统）转过5°，或反向（传动系统带动发动机）转过2.5°时才起作用。它能够降低发动机曲轴与传动系统接合部分的扭转刚度，调谐传动系统扭转固有频率，使传动系统共振应力下降，并改善离合器的接合柔和性。

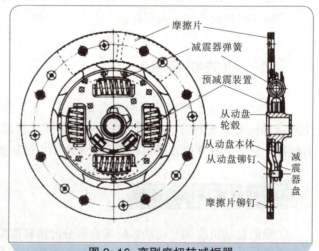

图 2-16 变刚度扭转减振器

任务三　离合器的拆装与故障诊断

一、离合器的拆装

1. 离合器的拆解

① 拆下变速器。
② 将飞轮固定工具安装至发动机缸体，如图 2-17 所示。
③ 将拆卸/安装工具连接至发动机缸体，如图 2-18 所示。

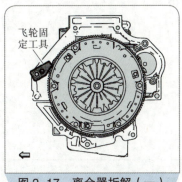
图 2-17　离合器拆解（一）

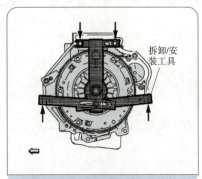
图 2-18　离合器拆解（二）

④ 将 4 个螺栓（箭头处）安装至发动机缸体，但不要紧固。
⑤ 将所需离合器对中导管连接至冲子，如图 2-19 所示。
⑥ 紧固拆卸/安装工具。
● 通过拆卸/安装工具将与离合器对中导管配合使用的中心冲子插入离合器压盘和曲轴中心（箭头处），如图 2-19 所示。
● 紧固滚花轮。
● 紧固螺栓。
● 紧固将拆卸/安装工具安装至发动机缸体的 4 个螺栓。
⑦ 使用拆卸/安装工具预载离合器弹簧。
● 转动螺杆直至其靠近离合器压盘的弹簧片，如图 2-20 所示。
● 测量距离 a。

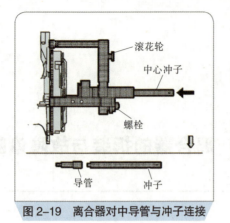

图 2-19 离合器对中导管与冲子连接　　图 2-20 离合器拆解（三）

> **注意**
>
> 不要过度旋转，留出离合器盘自由运动的空间即可。

- 顺时针转动螺杆直至延长大约 8 mm 的距离。
- 检查离合器盘是否自由运动。

⑧ 拆下并报废 6 个离合器压盘螺栓，如图 2-21 所示。

> **注意**
>
> 确认装配螺栓时是否涂抹螺纹锁止胶。

⑨ 松开拆卸/安装工具，如图 2-22 所示。

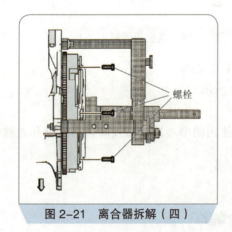
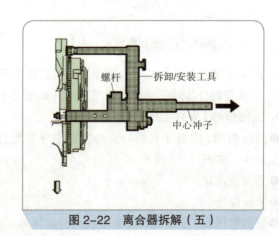

图 2-21 离合器拆解（四）　　图 2-22 离合器拆解（五）

- 逆时针转动拆卸/安装工具的螺杆直至停止。
- 拆下与离合器对中导管（箭头处）配合使用中心冲子。

⑩ 拆下离合器压盘和离合器从动盘，如图 2-23 所示。

> **注意**
>
> 离合器压盘和从动盘被异物（油、清洁剂等）污染，必须更换。检查毂侧面的离合器从动盘是否损坏或有灰尘，必要时进行更换。请勿使用高压清洁剂或零件清洗机清洁离合器压盘和从动盘。

⑪ 必要时，检查离合器压盘和从动盘，如图2-24所示。

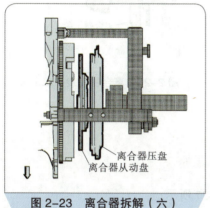

图2-23 离合器拆解（六）

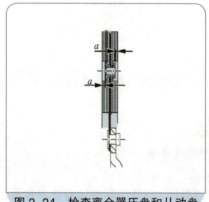

图2-24 检查离合器压盘和从动盘

如果出现以下现象应更换：
- 过度磨损。
- 摩擦面燃烧。
- 摩擦面上有油。
- 花键毂损坏。
- 弹簧损坏。

> **注意**
>
> 如果衬片凸起少于0.5 mm（箭头处），则必须更换离合器从动盘。

⑫ 检查离合器衬片铆钉上的衬片是否凸起。
⑬ 将离合器压盘滑至变速器输入轴并检查是否易于移动。

2. 离合器的安装

① 将衬套安装至曲轴。衬套固定在曲轴上，如图2-25所示。
② 磨切6个离合器压盘的螺栓螺纹。

> **注意**
>
> 安装离合器从动盘时必须使盘上的德国字母朝向变速器。

③ 安装离合器从动盘和离合器压盘，如图 2-26 所示。使用离合器对中导管，配合中心冲子将离合器从动盘装在飞盘上。

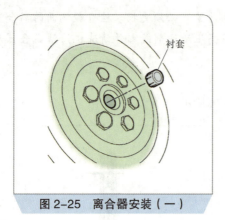

图 2-25 离合器安装（一）

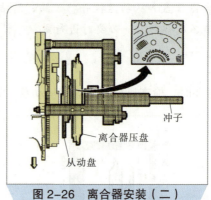

图 2-26 离合器安装（二）

 注意

请勿过度远离。

④ 使用拆卸/安装工具预压离合器弹簧，如图 2-27 所示。
顺时针转动螺杆直至飞轮和压盘对准（箭头处）。

注意

此时，装配离合器压盘螺栓时要涂抹螺纹锁止胶。维修时可能提供未密封的螺栓。此时在螺栓上涂抹螺纹锁止胶。如果紧固件未密封，则安装新的离合器压盘螺栓。

⑤ 安装 6 个新的离合器压盘螺栓，如图 2-28 所示。

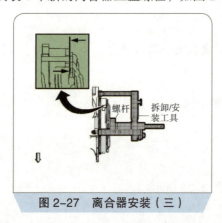

图 2-27 离合器安装（三）

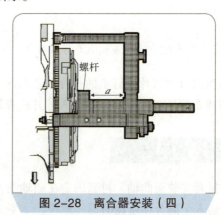

图 2-28 离合器安装（四）

⑥ 紧固离合器压盘螺栓。
⑦ 从发动机缸体上拆下拆卸/安装工具，如图 2-29 所示。
● 逆时针转动拆卸/安装工具的螺杆直至停止。
● 拆下与离合器对中导管（箭头处）配合使用中心冲子。
● 拆下将拆卸/安装工具安装至发动机缸体的 4 个螺栓。

⑧从发动机缸体上拆下飞轮固定工具1，如图2-30所示。
⑨安装变速器。

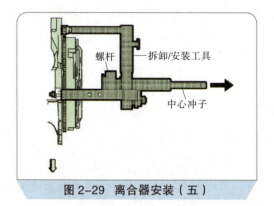

图2-29 离合器安装（五）

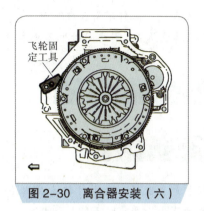

图2-30 离合器安装（六）

二、离合器的故障诊断

离合器常见故障有离合器踏板沉重、打滑、分离不良、结合时抖动、结合不平顺及异响。

1. 离合器踏板沉重

（1）故障现象

脚踏离合器踏板沉重，脚容易疲劳。相对于脚踏同样其他车辆离合器踏板时用力有明显差异。

（2）故障原因

①分离总泵总成：调整不当，踏板过高，且无空行程。
②从动盘（摩擦片）总成：摩擦片磨耗量大（磨损至摩擦片铆钉处）。
③离合器总泵、分泵、分离拨叉、分离轴承等发卡，运动不灵活。
④飞轮工作面、压盘工作面磨损大（磨损超过0.5 mm）。
⑤分离指端过量磨损（指端圆弧已经磨平）、分离轴承过量磨损（推力平面磨出凹弧）。

（3）维修方法

①检查离合器踏板是否过高，空行程是否合适，调整到正常状态。如果故障现象没有消除则进行下一步。
②检查离合器踏板、总泵、分泵、分离拨叉、分离轴承等是否有卡滞，运动不灵活现象，离合器踏板是否回位正常。排除后仍然不能解决则进行下一步。
③检查离合器盘总成、盖总成、飞轮是否磨损过量，压盘分离指、分离轴承推力平面是否磨损过量。盘总成摩擦片磨损应不露出铆钉；用游标卡尺测量，盖总成的压盘工作端面磨损应

不大于0.3 mm；飞轮的安装深度用深度尺测量，磨损深度应不大于0.5 mm以上；压盘分离指端圆弧面不应磨平；分离轴承推力平面不应磨出凹弧；不符合尺寸的应予更换。但在修理过程中应注意某一个零件不符合要求时应单独更换，不要笼统成套更换（例如：离合器盘总成磨损过多，就只换盘总成，不要同时把盖总成更换了）。

2. 离合器打滑

（1）故障现象

起步严重发抖，汽车行驶速度上不去、加速慢、上坡无力、油耗大等，主要原因是离合器传递扭矩变小，严重时不能传递扭矩。

（2）故障原因

①离合器分泵无自由行程，当离合器稍有磨损后，分离机构顶死分离指，造成离合器分离指没有回位空间，压盘压紧力降低，造成离合器打滑，严重磨损。
②驾驶操作问题：没有完全放开离合器踏板，过多使用半离合状态，超载运行，爬陡坡，使离合器磨损严重。

（3）打滑的检验方法

用手制动使车处于完全制动状态，踏下离合器踏板，然后在一挡发动，再放开离合器踏板，如果发动机能够停止，说明离合器无故障。反之，离合器有打滑，需拆卸，检查离合器。
离合器打滑，可从以下几个方面找原因：
①从动盘（钢片）总成：摩擦片粘油、碳化、烧损、破损，摩擦片磨损至铆钉处。
②盖（压板）总成：膜片弹簧破损，压盘工作端面磨损大超过0.3 mm、变形，安装螺钉松动，分离指端跳超过1 mm。
③飞轮：飞轮工作面磨损大，超过0.5 mm。
④分离机构：分离拨叉无游动余量，离合器踏板无自由行程，分离轴承无游动余量。
⑤刹车系统：刹车系统调整不当，过紧，行使后轮毂烫手。

（4）维修方法

根据以上五个方面的原因，可以参照以下顺序对打滑进行维修：
①在用打滑试车方法确认无离合器打滑的情况下，驾驶过程中应注意驾驶方法。
②在用打滑试车方法确认有离合器打滑的情况下，首先检查离合器踏板有无自由行程，行程是否满足汽车厂家维修手册的规定要求；检查离合器分离拨叉有无自由行程（7~8 mm）。若不符合要求应调整至要求范围内，若仍不能排除故障进行下一步。

③检查调整刹车系统，若仍不能排除故障进行下一步。

④拆下变速器，检查分离轴承，分离拨叉有无卡涉现象，若有须更换。同时检查离合器有无粘油现象，若有须确认油污来源，并修复。

⑤拆卸离合器，检查盘总成、盖总成、飞轮磨损是否超标，若磨损超标应更换。

⑥检查摩擦片是否有烧损现象，若轻微烧损可用粗砂纸打磨后继续使用，若烧损严重则需更换。

3. 离合器分离不良（挂挡困难）

（1）故障现象

离合器出现分离不良时，造成挂挡困难，严重时只能靠引擎停止才能挂挡。

（2）故障原因

①离合器踏板分离行程不够，造成离合器分离不彻底。
②离合器分泵分离行程不够（有效行程小于 15 mm），造成离合器分离不彻底。
③离合器总泵或分泵漏油，造成分离行程不够和离合器分离不彻底。
④分离拨叉变形，导致离合器分离不彻底。
⑤离合器盖总成传动片铆钉松动、变形，导致分离不良。
⑥变速器输入轴锈蚀，造成离合器从动盘总成在输入轴上运动不灵活，回位不良。
⑦变速器方面的原因，如挡位自锁力过大造成进出挡困难等。

（3）试车检查方法

在离合器出现分离不良时可通过下列方法来确认其分离点、接合点。
①将发动机置于怠速（变速器置于空挡）。
②为了安全拉上手刹，并踩下脚刹。
③在不踩离合器踏板的状态下（离合器接合状态）缓慢将换挡杆向倒挡方向移动，当听到齿轮鸣叫的声音时停止换挡杆的操作，保持齿轮鸣叫的声音。
④一边保持齿轮鸣叫声一边缓慢踩下离合器踏板，寻找齿轮鸣叫声消失的位置，齿轮鸣叫声消失的位置称为"分离点"。
⑤在此状态下踩下离合器踏板使离合器完全分离，保持换挡杆不动，缓慢放开离合器踏板，会再次听到齿轮鸣叫声，该位置称为"接合点"。如果在排除分离机构正常的情况下无法找到分离点和接合点，则可以判定为离合器分离不良。

（4）维修方法

①测量离合器踏板自由行程、分离行程、若不符合要求，则进行调整后确认分离是否正常，

若故障未排除则进行下一步。

②测量离合器分泵自由行程、分离行程，若不符合要求，则进行调整（若调整不出的应检查更换漏油的总泵或分泵）后确认分离是否正常，若故障未排除则进行下一步。

③拆卸变速器及离合器，检查分离拨叉是否磨损变形，如有变形则更换；观察变速器输入轴和离合器盘总成花键孔有无锈蚀现象，若有则涂抹适量润滑脂（耐高温型润滑脂）除锈；用手转动分离轴承检查是否转动灵活，若有卡滞现象则需更换；离合器盖总成三组传动片有无松动变形现象，若有则更换。变速器在未安装状态下用手拔各挡位，是否有卡滞或操作力过大等情况，若有则应对变速器进行维修。以上作业过程中，当发现问题时应修复后装车再确认，直至排除故障。

4. 离合器接合时抖动

（1）故障现象

匀速时车体抖动，怠速时车体抖动，起步时车体抖动，荷载时车体抖动。

（2）操作顺序

①将发动机置于怠速，踩下离合器，变速器置于一挡，放开手制动，脚制动。
②不踩油门，缓慢地放开离合器起步。
③此时确认车体的振动（是否有发抖现象）。
④同样按上述方法踩下离合器，变速器置于二挡。
⑤不踩油门，缓慢地放开离合器起步。
⑥此时确认车体的振动（是否有发抖现象）。
上述方法可在发动机、变速器冷态下和行驶一段时间后发动机、变速器热态下操作。

注意

①只能在一挡和二挡时才能确认离合器是否发抖。
②三、四、五挡不踩油门无法起步，大油门起步易发生摩擦片烧蚀。
③如果不踩油门，二挡起步，有时发动机会熄火，此时车体的振动不能说明离合器发抖。
④离合器发抖，一般情况下摩擦片表面呈锯齿状接触痕迹，有时摩擦片表面局部粘油也会造成发抖，此时应确认油污的来源并修复。

（3）故障原因

①离合分泵无空行程。
②刹车系统调整不当，过紧，行使后轮毂烫手。
③从动盘摩擦片轻微烧蚀碳化。
④从动盘摩擦片粘油污染。
⑤分离轴承发卡。

（4）故障排除

①调整离合总泵和分泵，使空行程为7~8 mm。无法调出，更换磨损超标零部件和从动盘片。
②检查调整四轮刹车。
③摩擦片若轻微烧损可用粗砂纸打磨后继续使用，若烧损严重则需更换。
④将摩擦片油污清除干净，确认油污的来源并修复。
⑤检查分离轴承是否发卡并排除。

5. 离合器接合不平顺（发闯）

（1）故障现象

汽车起步时，离合器踏板慢慢抬起，轻踏油门，汽车不是平稳加速，而是突然加速，向前窜动。其根本原因是压盘与摩擦片突然接合。

（2）试验方法

离合器完全接合后，控制油门开度大小，车辆在行驶状态下交替进行发动机的加速和制动，看是否有接合不平顺（发闯）的现象，若仍然有不平顺的现象，离合器正常；反之，离合器不正常。

（3）故障原因

①从动盘（钢片）总成：摩擦片有油污后，粘上其他物质，减震弹簧折断或摩擦片摩擦系数过高。
②盖（压板）总成：膜片弹簧弹力过强，使摩擦片在瞬时内和压盘贴合，引起瞬时打滑，造成发闯。
③分离机构：离合器踏板动作不平滑，分离机构支持部不圆滑，分离拨叉不圆滑。
④发动机安装架破损，飞轮安装部松动，驱动系统配合不佳。

（4）维修方法

①测量离合器踏板自由行程，分离行程，踏抬是否平顺，若不符合要求，则进行调整后确认分离是否正常。
②调整离合分泵，使空行程为7～8 mm，若故障未排除则进行下一步。
③拆下变速器，检查分离轴承，分离拨叉有无卡滞、干涉现象，若有须排除。同时检查离合器有无粘油现象，若有须确认油污来源，并修复。检查盘总成减震弹簧是否折断，若折断应更换盘总成。

6. 离合器异响

（1）故障现象

在驻车状态下，操纵离合器时，有不正常的响声。其根本原因是：经长期使用后，由于零件严重磨损或损坏而造成金属零件之间不正常地摩擦或撞击的响声。因此，这种响声一般比较清晰。

（2）试验方法

发动机怠速运转，变速器置于空挡，拉紧手制动闸，若在踩下踏板或踩到底放松时无不正常音，离合器无异常。反之，离合器异响。可从以下过程查找原因：

①离合器分离时异响：飞轮面与曲轴的垂直度不良；膜片弹簧磨损、折断；支承环折断、脱落；含油分离轴承缺润滑油、烧蚀或破损；齿轮箱前轴轴承的磨损、烧结或破损。

②离合器接合时异响：花键孔或花键轴磨损过大；减震弹簧折断；从动盘毂轮缘部破损；从动盘总成铆钉松动，盘毂轴向松旷。

③随时异响：离合器摩擦片的破损片混入。

④离合器分离、接合时都有异响：分离轴承、分离拨叉球头螺钉处缺润滑脂。

（3）维修方法

①检查并在缺油部位涂适量润滑脂。
②检查更换破损零部件。

三、离合器常见故障案例

案例一

1. 故障现象

一辆大众汽车车主反映脚踏离合器踏板沉重，脚容易疲劳。相对于其他同型号的车辆离合器踏板力有明显差异。

2. 故障原因

①离合器与车型不配套。
②离合器从动盘（钢片）总成：磨耗量大（磨损至摩擦片铆钉前应更换）。
③离合器盖总成：分离力偏大。
④关联零部件：
● 离合器拉索（或液压泵）、分离拨叉、分离套筒与分离轴承等分离机构发卡，运动不灵活。

- 飞轮工作面磨损大。
- 分离轴承直径偏大，分离轴承过量磨损。
- 离合器助力操纵系统失效（只有部分重型车使用该系统）。

3. 维修方法与故障排除

①检查离合器踏板、拉索等机构是否有卡滞，运动不灵活的现象，离合器踏板回位是否正常，总、分泵工作是否正常。

②检查无异常时，拆下变速器，检测分离拨叉、分离轴承与套筒等分离机构是否有缺油卡滞的现象，同时进行分离轴承的直径确认，分离轴承直径应符合厂家的规定。测量方法是在离合器安装状态下用游标卡尺对称测量分离轴承与离合器分离指接触磨损痕迹，如图2-31所示。若使用不符合规格的分离轴承应予更换。另一方面确认分离轴承是否磨损变平，如图2-32所示。若分离轴承磨平，分离指端接触部位磨损面加宽，应予更换分离轴承。

图2-31 测量分离轴承与离合器分离指接触磨损量

图2-32 测量分离轴承磨损量

③检查离合器盘总成、盖总成、飞轮是否磨损过量，如果磨损严重更换离合器总成，故障排除。

案例二

1. 故障现象

一辆大众宝来轿车刚行驶4万公里，因手动变速器不好挂挡到汽车修理厂保修，汽车强行挂入挡后，发现变速器内有严重异响的问题。

2. 分析故障原因

根据以上故障现象，初步判断是变速器离合器出现了问题。

3. 维修方法与故障排除

拆下变速器和离合器，发现离合器片中心的花键盘已与离合器片完全脱离，严重损坏，需更换离合器片后再试车，故障排除。

一、填空题

1. 离合器分为_____、_____、_____、_____。
2. 离合器有_____、_____、_____作用。
3. 离合器由_____、_____、_____、_____部分组成。
4. 离合器常见故障有_____、_____、_____等。

二、判断题

1. 离合器分离轴承拆下后用汽油或煤油浸泡清洗。（　　）
2. 离合器在使用过程中，不允许摩擦片与飞轮及压盘之间有任何相对滑转现象。（　　）
3. 制动摩擦片破裂，铆钉松动，外露，会造成制动拖滞，且有异响。（　　）
4. 同一车桥上左、右制动器制动蹄的摩擦衬片料及厚度应相同。（　　）
5. 为使离合器接合柔和，驾驶员应逐渐放松离合器踏板。（　　）
6. 离合器从动部分的转动惯量应尽可能大。（　　）
7. 双片离合器中间压盘的前后，都需设有限位装置。（　　）

三、选择题

1. 离合器传动钢片的主要作用是（　　）。
   A. 将离合器盖的动力传给压盘　　　B. 压盘的动力传给离合器盖
   C. 固定离合器盖和压盘　　　　　　D. 起到动平衡作用
2. 离合器自由行程过大，会造成离合器（　　）。
   A. 打滑　　　B. 分离不彻底　　　C. 起步发抖　　　D. 异响
3. 离合器打滑的原因之一是（　　）。
   A. 离合器踏板无自由行程　　　B. 离合器踏板自由行程过大
   C. 新换摩擦片　　　　　　　　D. 以上答案都不对
4. 离合器的从动盘主要由（　　）构成。（多选）
   A. 从动盘本体　　B. 从动盘毂　　C. 从动盘　　D. 主动盘

课题三

手动变速器的构造与维修

[学习任务] →

1. 了解手动变速器的构造及工作原理。
2. 学会变速器常见故障的检修。

[技能要求] →

1. 掌握变速器的拆装。
2. 掌握变速器常见故障的检修。
3. 掌握变速器的工作原理。

任务一　手动变速器的构造及作用

一、手动变速器的构造

手动变速器是一种变速装置,用来改变发动机传到驱动轮上的转速和转矩,在原地起步、爬坡、转弯、加速等各种工况下,使汽车获得不同的牵引力和速度,同时使发动机工作在较为有利的工况范围内。

手动变速器由变速传动机构、变速器壳体、操纵机构组成。变速传动机构可按前进挡数或轴的形式不同分类。按照前进挡数可以分为三挡、四挡、五挡、多挡变速器。按照轴的形式可以分为固定轴式(齿轮的旋转轴线固定不动)和旋转轴式(齿轮的旋转轴线也是转动的,如行星齿轮变速器);其中固定轴式手动变速器可以根据轴数的不同分为两轴式(见图3-1)、中间轴式(见图3-2)、双中间轴式(见图3-3)和多中间轴式。这里主要介绍两轴式和中间轴式两种手动变速器。

课题三 手动变速器的构造与维修

图 3-1 两轴式手动变速器

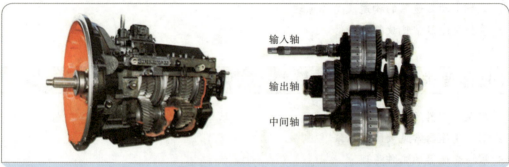

图 3-2 中间轴式手动变速器

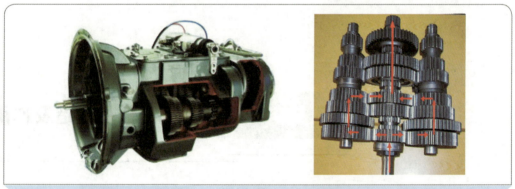

图 3-3 双中间轴式手动变速器

1. 两轴式手动变速器

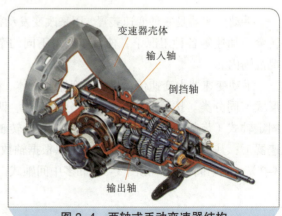

图 3-4 两轴式手动变速器结构

两轴式手动变速器结构如图 3-4 所示。其特点是输出轴与输入轴平行，没有中间轴，发动机的动力经过离合器传入变速器一轴（输入轴），再经过齿轮变速后由二轴（输出轴）输出给主减速器。

两轴式变速器从输入轴到输出轴只通过一对齿轮传动，倒挡传动路线中也只有一个中间齿轮，因而机械效率高，噪声小。但由于它不可能有直接挡，因而最高挡的机械效率比直接挡低。这种结构形式适合于发动机前置、前轮驱动或发动机后置、后轮驱动的轿车和微、轻型货车上。

2. 中间轴式手动变速器

中间轴式手动变速器的结构如图3-5所示。其特点是具有第一轴（输入轴），第二轴（输出轴）和中间轴，输入轴与输出轴置于同一条水平线上，中间轴则与它们平行布置。发动机的动力经过离合器传入变速器第一轴，再经过中间轴，最后经变速后的动力从第二轴输出给驱动桥。

在许多变速器中，输入轴和输出轴能接合在一起，因此动力不必经过中间轴，这时的挡位称为直接挡。直接挡通过单轴传动，传动比为1∶1，具有最高的传动效率。这种结构形式适合于发动机前置、后轮驱动的汽车。

图3-5 中间轴式手动变速器结构

二、手动变速器的作用

1. 在较大范围内改变汽车行驶速度的大小和汽车驱动轮上扭矩的大小

由于汽车行驶条件不同，要求汽车行驶速度和驱动扭矩能在很大范围内变化。例如在高速路上车速应能达到100 km/h，而在市区内，车速常在50 km/h左右。空车在平直的公路上行驶时，行驶阻力很小，但当满载上坡时，行驶阻力便很大。而汽车发动机的特性是转速变化范围较小，而转矩变化范围更不能满足实际路况需要。

2. 实现倒车行驶

汽车发动机曲轴一般都是只能向一个方向转动的，而汽车有时需要能倒退行驶，因此，往往利用变速箱中设置的倒挡来实现汽车倒车行驶。

3. 实现空挡

当离合器接合时，变速箱可以不输出动力。例如可以保证驾驶员在发动机不熄火时松开离合器踏板并离开驾驶员座位。

变速箱由变速传动机构和变速操纵机构两部分组成。变速传动机构的主要作用是改变转矩和转速的数值和方向；操纵机构的主要作用是控制传动机构，实现变速器传动比的变换，即实现换挡，以达到变速变矩。

机械式变速箱主要应用了齿轮传动的降速原理。简单地说，变速箱内有多组传动比不同的齿轮副，而汽车行驶时的换挡行为，也就是通过操纵机构使变速箱内不同的齿轮副工作。如在低速时，让传动比大的齿轮副工作，而在高速时，让传动比小的齿轮副工作。

变速器用于转变发动机曲轴的转矩及转速，以适应汽车在起步、加速、行驶以及克服各种道路阻碍等不同行驶条件下对驱动车轮牵引力及车速不同要求的需要。

变速器在车辆的行驶中主要起下面几个方面的作用：

①它使汽车能以非常低的稳定车速行驶，而这种低的转速只靠内燃机的最低稳定转速是难以达到的。

②变速器的倒挡使汽车可以倒退行驶。

③其空挡使汽车在起动发动机、停车和滑行时能长时间将发动机与传动系分离。

4. 中断动力传递

在发动机起动，怠速运转，汽车换挡或需要停车进行动力输出时，中断向驱动轮的动力传递。

三、现在汽车所使用的变速器

1. 手动变速器（MT）

手动变速器（Manual Transmission，MT）又称机械式变速器，即必须用手拨动变速杆（俗称"挡把"）才能改变变速器内的齿轮啮合位置，改变传动比从而达到变速的目的。轿车手动变速器大多为四挡或五挡有级式齿轮传动变速器，并且通常带同步器，换挡方便，噪声小。手动变速在操纵时必须踩下离合器，方可拨得动变速杆。

手动变速器是与自动变速器相对而言的，其实在自动变速器出现之前所有的汽车都是采用手动变速器。手动变速器是利用大小不同的齿轮配合而达到变速的。最常见的手动变速器多为五挡位（四个前进挡、一个倒挡），也有的汽车采用六挡位变速器。

一般来说，手动变速器的传动效率要比自动变速器的高，因此驾驶员技术好，手动变速的汽车在加速、超车时比自动变速车快，也省油。

2. 自动变速器（AT）

自动变速器（Automatic Transmission，AT）利用行星齿轮机构进行变速，它能根据油门踏板程度和车速变化，自动地进行变速。而驾驶者只需操纵加速踏板控制车速即可。

一般来讲，汽车上常用的自动变速器有以下几种类型：液力自动变速器、液压传动自动变速器、电力传动自动变速器、有级式机械自动变速器和无级式机械自动变速器等。其中，最常见的是液力自动变速器。液力自动变速器主要是由液压控制的齿轮变速系统构成，主要包含自动离合器和自动变速器两大部分。它能够根据油门的开度和车速的变化，自动地进行换挡。

3. 手动/自动变速器

手动/自动变速器由德国保时捷车厂在911车型上首先推出，称为Tiptronic。它可使高性能跑车不必受限于传统的自动挡束缚,让驾驶员也能享受手动换挡的乐趣。此型车在其挡位上设有"+"、"–"选择挡位。在 D 挡时,可自由变换降挡(–)或加挡(+),如同手动挡一样。驾驶员可以在入弯前像手动挡般地强迫降挡减速,出弯时可以低挡加油出弯。

现在的自动挡车的方向盘上又增加了"+"、"–"换挡拨片,驾驶员就能手不离开方向盘进行加减挡。

4. 无级变速器（CVT）

无级变速器（Continuously Variable Transmission，CVT）是由两组变速轮盘和一条传动带组成的。因此，要比传统自动变速器结构简单，体积更小。另外，它可以自由改变传动比，从而实现全程无级变速，使汽车的车速变化平稳，没有传统变速器换挡时那种"顿"的感觉。无级变速器属于自动变速器的一种，但它能克服普通自动变速器"突然换挡"、油门反应慢、油耗高等缺点。

四、手动变速器的分类

1. 按传动比的变化方式划分

手动变速器可分为有级式、无级式和综合式三种。

（1）有级式变速器

有级式变速器有几个可选择的固定传动比，采用齿轮传动。又可分为：齿轮轴线固定的普通齿轮变速器和部分齿轮(行星齿轮)轴线旋转的行星齿轮变速器两种。

（2）无级式变速器

传动比可在一定范围内连续变化，常见的有液力式、机械式和电力式等。

（3）综合式变速器

综合式变速器由有级式变速器和无级式变速器共同组成，其传动比可以在最大值与最小值之间几个分段的范围内作无级变化。

2. 按操纵方式划分

手动变速器可以分为强制操纵式、自动操纵式和半自动操纵式三种。

（1）强制操纵式变速器

强制操纵式变速器靠驾驶员直接操纵变速杆换挡。

（2）自动操纵式变速器

自动操纵式变速器传动比的选择和换挡是自动进行的。驾驶员只需操纵加速踏板，变速器就可以根据发动机的负荷信号和车速信号来控制执行元件，实现挡位的变换。

（3）半自动操纵式变速器

半自动操纵式变速器可分为两类，一类是部分挡位自动换挡，部分挡位手动（强制）换挡；另一类是预先用按钮选定挡位，在踩下离合器踏板或松开加速踏板时，由执行机构自行换挡。

五、同步器

同步器是手动变速器的核心部件，这里主要介绍其结构组成及分类。

1. 同步器的结构组成

同步器有惯性式、自行增力式、常压式等形式。目前广泛采用的是惯性式同步器。它主要由接合套、同步锁环等组成，它的特点是依靠摩擦作用实现同步，如图3-6所示。

2. 同步器的分类

（1）惯性式同步器

惯性式同步器与常压式同步器一样，都是依靠摩擦作用实现同步。但它可以从结构上保证接合套与待接合的花键齿圈在达到同步之前不可能接触，以避免齿间冲击和发生噪声。

惯性式同步器广泛应用于轿车和轻、中型货车的变速器中。常用的结构形式有锁环式惯性同步器和锁销式惯性同步器两种，如图3-7所示。

花键毂与第二轴用花键连接，并用垫片和卡环作轴向定位。在花键毂两端与齿轮之间，各有一个青铜制成的锁环（也称同步环）。锁环上有短花键齿圈，花键齿的断面轮廓尺寸与齿轮及花键毂上的外花键齿均相同。在两个锁环上，花键齿对着接合套的一端都有倒角（称锁止角），且与接合套齿端的倒角相同。锁环具有与齿轮上的摩擦面锥度相同的内锥面，内锥面上制出细牙的螺旋槽，以便两锥面接触后破坏油膜，增加锥面间的摩擦。三个滑块分别嵌合在花键毂的三个轴向槽内，并可沿槽轴向滑动。在两个弹簧圈的作用下，滑块压向接合套，使滑块中部的凸起部分正好嵌在接合套中部的凹槽中，起到空挡定位作用。滑块的两端伸入锁环的三个缺口中。只有当滑块位于缺口的中央时，接合套与锁环的齿方可接合。

在挂三挡时，用拨叉拨动接合套并带动滑块一起向左移动。当滑块左端面与锁环的缺口端面接触时，便推动锁环压向齿轮，使锁环的内锥面压向齿轮的外锥面。由于两锥面具有转速差（$n_1 > n_9$），所以一接触便产生摩擦作用。齿轮即通过摩擦作用带动锁环相对于接合套超前转过一个角度，直到锁环的缺口与滑块的另一侧面，接触时，锁环便与接合套同步转动。此时，接合套的齿与锁环的齿错开了约半个齿厚，从而使接合套的齿端倒角面与锁环相应的齿端倒角面正好互相抵触而不能进入啮合。

任务一　手动变速器的构造及作用

图3-6　同步器结构示意图

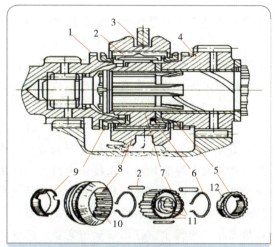

图3-7　锁环式惯性同步器

1—二挡换挡齿轮；2—同步环（内部）；3—外环（中间环）；4—同步环（外部）；5—锁块；6—同步器毂；7—啮合套；8—同步环（外部）；9—中间环；10—同步环（内部）11—啮合齿12—4挡换挡齿轮；13—固定连接（焊接）；14—换挡拨叉；15—R挡换挡齿轮；16—同步环；17—锁块；18—同步器毂；19—啮合套

1—轴承啮合齿轮；2—滑块；3—拨叉；4—二轴齿轮；5、9—锁环（同步环）；6—弹簧圈；7—花键毂；8—接合套；10—环槽；11—三个轴向槽；12—缺口

　　当变速器由二挡换入三挡（直接挡）时，接合套从二挡退到空挡，齿轮和接合套连同锁环都在其本身及其所联系的一系列运动件的惯性作用下，继续沿原方向旋转。驾驶员的换挡操纵力通过接合套作用于锁环的锁止角斜面上，在此斜面上产生的法向压力为N。法向压力N可分解为轴向力F_1和切向力F_2。切向力F_2所形成的力矩M_2有使锁环相对于接合套向后（用箭头指示M_2）转动的趋势，称为拨环力矩。轴向力F_1则使齿轮通过摩擦锥面对锁环作用一与转动方向同向摩擦力矩M_1（用箭头指示M_1）。这一摩擦力矩M_1阻止锁环相对接合套向后退转。如果拨环力矩M_2大于摩擦力矩M_1，则锁环即可相对于接合套向后退转一个角度，以便二者进入接合；若$M_2<M_1$（此时还有滑块对锁环缺口一侧的阻挡作用），则二者相对位置不变，不可能进入接合。在设计同步器时，适当地选择锁止角和摩擦锥面的锥角，便能保证在达到同步（$n_1=n_9$）之前，齿轮施加在锁环上的摩擦力矩M_1总是大于切向力F_2形成的拨环力矩M_2，不论驾驶员通过操纵机构加在接合套上的轴向推力有多大，接合套齿端与锁环齿端总是互相抵触而不能接合。

　　锁环对接合套的锁止作用是由于上述摩擦力矩M_1造成的。因为此摩擦力矩的作用与锁环（及与之连接的接合套、花键毂、变速器输出轴及整个汽车等）和齿轮（及与之连接的离合器从动部分和变速器内部分齿轮）两部分的转动惯性有关，故称此种同步器为"惯性式"同步器。

（2）自行增力式同步器

　　自行增力式同步器与常压式和惯性式同步器一样，也是利用摩擦原理实现同步，主要区别

41

在于同步环产生的摩擦力矩由于同步环内的弹簧片作用而得到成倍的增长。图3-8所示为波尔舍自行增力式同步器。两个齿轮通过轴承空套在第二轴上，而花键毂与第二轴固定连接的外缘有三个凸起的轴向键，与接合套上的三个相应键槽配合。

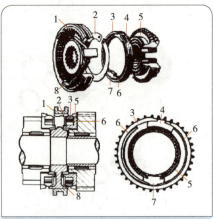

图3-8 波尔舍自行增力式同步器

1—接合套；2—挡片；3—同步环；4—滑块；5—接合齿圈；6—弹簧片；7—支承块；8—花键毂

接合套与毂一起转动，并可相对于毂轴向移动。接合齿圈与常啮合齿轮固定连接。弹性的开口同步环、滑块、支承块及两个弹簧片均装在接合齿圈内，并用挡片加以轴向限位。滑块的凸起部插于同步环的开口处，处于空挡时两侧有间隙，支承块内圆上的凸起则嵌入接合齿圈轴颈上相应的槽中，槽比凸起稍宽些。同步环外表面沿轴向两端制出外锥面，而接合齿圈和接合套的两侧齿端也制出与其配合的内锥面。

套与待啮合齿轮之间存在转速差，弹簧片的支承力就阻止同步环直径缩小，因而也就阻止了接合套移动。在二者的转速差为零（同步）时，弹簧片卸除载荷，即以右弹簧片的上端为支点，弹簧片伸张，其下端顶住支承块凸起右侧，推动接合齿圈连同低挡齿轮一道顺时针方向转动一个角度，使弹簧片松弛，于是阻止同步环直径缩小的支承力消失。此时，在不大的换挡力作用下，接合套便可压缩同步环，与右侧的接合齿圈接合，而同步环处于接合套的屋顶状凹槽里，被可靠地定位。因此，在挂挡位置，无须采用一般变速器所必须设置的自锁装置。

由于弹簧片的增力作用，故这种同步器能使换挡更为省力并且迅速。

（3）常压式同步器

常压式同步器的结构比前两种简单，同步效果不好，所以现在生产的车辆都是采用锁环式或者锁销式，常压式同步器属于淘汰产品，原因是这种同步器的同步过程需要驾驶员的配合，否则也会出现打齿现象。

常压式同步器的工作原理是：换挡时，驾驶员通过换挡杆拨动接合套向预挂挡接合齿圈移动，接合套通过定位销带动花键毂压向接合齿圈的摩擦表面从而产生对预挂挡齿轮产生制动力矩，迫使预挂挡齿轮与花键毂同步，当达到同步时需要加大挂挡杆的操纵力，使接合套克服定位销的弹力而继续移动到位完成挂挡，若驾驶员挂挡操纵力过大时，不等同步就将接合套接触接合齿圈，这时和没有同步器一样，会出现打齿现象。

任务二　手动变速器的工作原理

一、基本变速原理

汽车加速或者减速时，变速器的存在使发动机与驱动轮之间的齿比能够发生变化。通过改变齿比，就能使发动机转速保持在速度极限以下，并且使发动机接近最佳性能转速区。

如图3-9所示为一对相互啮合的齿轮。设主动轴齿轮的齿数是 Z_1，转速为 n_1，转矩为 T_1；从动轴齿轮的齿数是 Z_2，转速为 n_2，转矩为 T_2。

由于齿轮连接是刚性连接，主从动轮上的啮合点处的线速度是相同的，即有：$n_1 \times Z_1 = n_2 \times Z_2$，可得 $n_1 \div n_2 = Z_2 \div Z_1$，该比值记为 i，称为传动比。如果不记传动过程中的摩擦等功率损失，则从动齿轮获得的功率等于主动齿轮的功率，即有：$n_1 \times T_1 = n_2 \times T_2$，可得 $n_1 \div n_2 = T_2 \div T_1$。综合这几个式子，可得如下表达式：

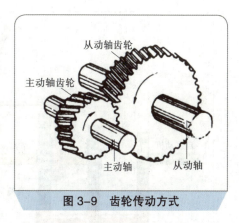

图3-9　齿轮传动方式

$$i = n_1 \div n_2 = Z_2 \div Z_1 = T_2 \div T_1$$

从这个式子可以看出：如果主动轮的齿数比从动轮少，即 $Z_1 < Z_2$，也就是 $i > 1$，则 $n_1 > n_2$，可见从动轴的转速 n_2 下降了；再看转矩关系，可以得到 $T_2 > T_1$，可见从动轴的转矩 T_2 增大了，这就是减速增矩作用。反之，如果主动轮的齿数比从动轮多，那么从动轴的转速就会增加，而转矩会减小。

1. 变速器一挡变速原理

如果操纵换挡手柄，通过换挡叉使套筒与右侧的齿轮（蓝色）啮合，则变速器就挂入了一挡，如图3-10所示。

此时，输入轴（绿色）带动中间轴，中间轴带动右边的齿轮（蓝色），齿轮通过套筒和花键轴相连，传递能量至驱动桥上。在这同时，左边的齿轮（蓝色）也在旋转，但由于没有和套筒啮合，所以它不对花键轴产生影响。

当套筒在两个齿轮中间时，变速箱在空挡位置，两个齿轮都在花键轴上自由转动。

输出轴的转速是由发动机转速、输入轴齿轮齿数、中间轴上的齿轮齿数、齿轮（蓝色）的齿数决定。

2. 变速器二挡变速原理

如图 3-11 所示，输入轴（绿色）通过离合器与发动机相连，轴和上面的齿轮是一个部件，称为齿轮轴；轴和齿轮（红色）称为中间轴，它们一起旋转。轴（绿色）旋转通过啮合的齿轮带动中间轴的旋转，这时中间轴就可以传输发动机的动力；轴（黄色）是一个花键轴，是变速器的输出轴，动力通过它输出，再通过差速器来驱动汽车。车轮转动会带着花键轴一起转动。

齿轮（蓝色）空套在花键轴上，可以自由转动。当发动机停止，但车辆仍在运动中时，齿轮（蓝色）和中间轴都在静止状态，而花键轴依然随车轮转动。

齿轮（蓝色）和花键轴是由套筒来连接的，套筒可以随着花键轴转动，同时也可以在花键轴上左右自由滑动来啮合齿轮（蓝色）。

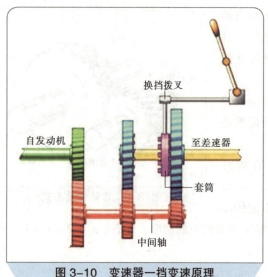

图 3-10　变速器一挡变速原理

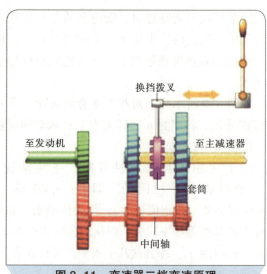

图 3-11　变速器二挡变速原理

3. 变速器五挡变速原理

换挡原理与上面的二挡式变速器相同，值得注意的是，倒挡是通过增加一个小齿轮（倒挡中间齿轮）来实现的。

换挡杆通过三个连杆连接着三个换挡拨叉，如图 3-12 所示。

在换挡杆的中间有个旋转点，左右移动换挡杆时，实际上是在选择不同的换挡叉（不同的套筒）；前后移动时则是选择不同的齿轮（蓝色），如图 3-13 所示。

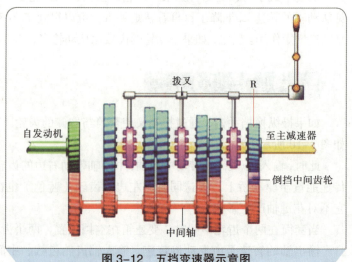

图 3-12　五挡变速器示意图

二、同步器工作原理

变速器在换挡过程中，必须使所选挡位的一对待啮合齿轮轮齿的圆周速度相等（即同步），才能使之平顺地进入啮合而挂上挡。如果两齿轮轮齿不同步时即强制挂挡，势必因两轮齿间存在速度差而发生冲击和噪声。这样，不但不易挂挡，而且影响轮齿寿命，使齿端部磨损加剧，甚至使轮齿折断。

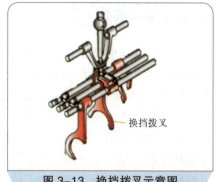

图3-13　换挡拨叉示意图

为使换挡平顺，驾驶员应采取较复杂的操作，并应在短时间内迅速而准确地完成。这对于即使是技术很熟练的驾驶员，也易造成疲劳。因此，要求在变速器结构上采取措施，既保证挂挡平顺，又使操作简化，减轻驾驶员疲劳。同步器正是为满足该要求而设计的。

同步器是在接合套换挡机构基础上发展起来的，其中除了接合套、花键毂、对应齿轮上的接合齿圈外，还增设了使接合套与对应接合齿圈的圆周速度迅速达到并保持一致（同步）的机构，以及防止两者在达到同步之前而进入接合以防止冲击的机构。

三、操纵机构工作原理

手动变速器操纵机构的作用是保证驾驶员根据汽车的运行状态和使用条件，准确地将变速器换入所需的挡位。主要包括直接操纵式和远距离操纵式两种。

大多数汽车采用直接操纵式变速器操纵机构，其变速杆及所有换挡操纵装置都设置在变速器盖上，变速器布置在驾驶员座位的近旁，变速杆由驾驶室底板伸出，驾驶员可直接操纵变速杆来拨动变速器盖内的换挡操纵装置进行换挡，结构紧凑、简单、操纵方便。

如图3-14所示为六挡手动变速器的操纵机构示意图。拨叉轴的两端均支撑于变速器盖相应的孔中，可轴向滑动。所有拨叉和拨块都以弹性固定于相应的拨叉轴上。三、四挡拨叉的上端具有拨块，三、四挡拨叉和所有拨块的顶部制有凹槽。

变速器处于空挡时，各凹槽在横向平面内对齐，叉形拨杆下端的球头即伸入这些凹槽中。选挡时，可使变速杆绕其中部球形支点横向摆动，则其下端推动叉形拨杆绕换挡轴的轴线转动，从而使叉形拨杆下端球头对准与所选挡位相应的拨块凹槽，然后使变速杆纵向摆动，带动拨叉轴及拨叉向前或向后移动，即可实现挂挡。

操纵机构应保证变速器能够准确地挂入选定的挡位，并能可靠地在所选挡位上工作，故设置了自锁装置、互锁装置、倒挡锁装置。

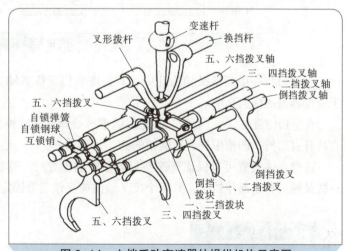

图3-14　六挡手动变速器的操纵机构示意图

1. 自锁装置

自锁装置能够防止汽车自动挂挡及自动脱挡，并保证各挡传动齿轮以全齿长啮合。如图3-15所示为汽车自锁装置。

在变速器盖的前端凸起部钻有三个深孔，在孔中装入自锁钢球和自锁弹簧，其位置处于拨叉轴的正上方。每根拨叉轴对于钢球的表面沿轴向设有三个凹槽，槽的深度小于钢球的直径。

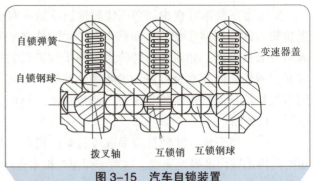

图3-15　汽车自锁装置

中间的凹槽对正钢球时为空挡位置，前边或后边的凹槽对正钢球时则处于某一工作挡位。凹槽正对钢球时，钢球便在自锁弹簧的压力作用下嵌入该凹槽内。拨叉轴的轴向位置便固定，其拨叉及相应的接合套或滑动齿轮便被固定在空挡位置或某一工作挡位，而不能自行挂挡或自行脱挡。

当需要换挡时，驾驶员通过变速杆对拨叉轴施加一定的轴向力，克服弹簧的压力，而将自锁钢球从拨叉轴凹槽中挤出并推回孔内，拨叉轴便可滑过钢球并带动拨叉及相应的换挡元件轴向移动。当拨叉轴移至另一个凹槽与钢球对正时，钢球又被压入凹槽，变速器刚好换入某一工作挡位或退入空挡。相邻凹槽之间的距离保证齿轮处于全齿长啮合或完全退出啮合。

2. 互锁装置

互锁装置能够保证不同时挂入两个挡，以免同时啮合的两挡齿轮因其传动比不同而相互卡住，造成运动干涉甚至造成零件损坏。如图3-16所示为汽车互锁装置。

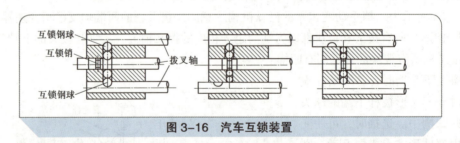

图3-16　汽车互锁装置

互锁销装在中间拨叉轴的孔中，其长度相当于拨叉轴直径减去互锁钢球的半径；互锁钢球装于变速器盖的横向孔中。

在空挡位置时，左、右拨叉轴正对着钢球处开有深度相当于钢球半径的凹槽，中间拨叉轴则左、右均开有凹槽，凹槽中开有互锁销的孔。

这种互锁装置可以保证变速器只有在空挡位置时，驾驶员才可以移动一个拨叉轴挂挡。若某一拨叉轴被移动而挂挡时，另两个拨叉轴便被互锁装置固定在空挡位置而不能做轴向移动。

3. 倒挡锁装置

倒挡锁装置能够防止误挂倒挡，即防止汽车在前进中因误挂倒挡造成极大的冲击，使零件损坏，并防止在汽车起步时误挂倒挡造成安全事故。

倒挡锁装置的作用是驾驶员挂倒挡时，必须对变速杆施加较大的力，才能换上倒挡，起提醒作用，如图3-17所示为汽车倒挡锁装置。

倒挡锁销的杆部装有倒挡锁弹簧，其右端的螺母可调整弹簧的预紧力和倒挡锁销的长度。驾驶员要挂倒挡时，必须用较大的力使变速杆的下端压缩倒挡弹簧，将倒挡锁销推向右方后，才能使变速杆下端进入倒挡拨块的凹槽内，以拨动倒挡拨叉轴而退入倒挡。

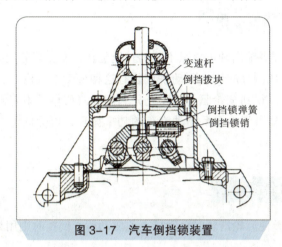

图3-17 汽车倒挡锁装置

任务三　分动器的分类、作用、工作原理和常见故障及案例

一、分动器的分类

分动器是一种齿轮传动系，如图3-18所示，其输入轴直接或通过万向传动装置与变速器的第二轴相连，输出轴则有若干，分别经万向传动装置与各驱动桥连接。

一般装于多桥驱动汽车的变速器之后，用于传递和分配动力至各驱动桥，兼作副变速器之用。常设低挡和高挡两个挡：低挡又称为加力挡，为了不使后驱动桥超载，常设联锁机构，使只有接合前驱动桥以后才能挂上加力挡，并用于克服汽车在坏路面上和无路地区较大的行驶阻力及获得最低稳定车速(在发动机最大转矩下一般为2.5~5 km/h)；高挡为直接挡或减速挡。

图3-18 汽车分动器

1. 不带轴间差速器的分动器

不带轴间差速器的分动器各输出轴具有相同转速，而转矩分配则与该驱动轮的阻力及其传动机构的刚度有关。这种结构的分动器在挂低挡时同时接通前驱动桥，挂高挡时前驱动桥与传动系分离，使之变为从动桥，以避免发生功率循环并降低汽车在好路面上行驶时的动力消耗及轮胎的磨损等。

2. 带轴间差速器的分动器

带轴间差速器的分动器各输出轴可以以不同的转速旋转，而转矩分配则由差速器传动比决定。据此，可将转矩按轴荷等比例分配到各驱动桥。装有这种分动器的汽车，不仅在挂加力挡时，而且在挂分动器高挡时都可以得到全轮驱动，以充分利用附着质量及附着力来提高汽车在各种路面上的牵引性能。轴间差速器可消除多桥驱动汽车的功率循环，但降低了汽车的抗滑能力，故常需加装差速锁。

3. 超越离合器的分动器

利用前、后轮的转速差使后轮滑转时自动接上前驱动桥，倒挡时则用另一超越离合器工作。

二、分动器的作用

在多轴驱动的汽车上，为了将输出的动力分配给各驱动桥而设有分动器。分动器一般都设有高低挡，以进一步扩大在困难地区行驶时的传动比及排挡数目。

分动器的作用就是将变速器输出的动力分配到各驱动桥，并且进一步增大扭矩。分动器也是一个齿轮传动系统，它单独固定在车架上，其输入轴与变速器的输出轴用万向传动装置连接，分动器的输出轴有若干根，分别经万向传动装置与各驱动桥相连。

大多数分动器由于要起到降速增矩的作用而比变速箱的负荷大，所以分动器中的常啮齿轮均为斜齿轮，轴承也采用圆锥滚子轴承支承。

三、分动器的工作原理

分动器各轴均用两个圆锥滚子轴承支承，其轴承松紧度用相应的调整垫调整。

在多轴驱动的汽车上，为了将变速器输出的动力分配到各驱动桥，一般装有分动器。分动器的基本结构也是一个齿轮传动系统，其输入轴直接或通过万向传动装置与变速器第二轴相连，如图3-19所示，而其输出轴则有若干个，分别经万向传动装置与各驱动桥连接。

由于装于多桥驱动汽车的变速器之后，分动器不但用于传递和分配动力至各驱动桥，兼作副变速器之用。

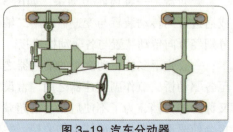

图3-19 汽车分动器

四、分动器常见的故障

1. 空挡发响

①曲轴与第一轴中心线不同心。
②第二轴前轴承磨损，油污、起毛。
③常啮齿轮有问题（磨损均匀声或个别牙碎裂有规律间隙撞击声）。
④常啮齿轮修理时未成对更换，啮合不良。
⑤第一轴承损坏，或旧齿轮换新齿轮。

2. 挂挡后发响

①齿轮更换不当；差速齿轮或半轴齿轮键槽磨损松旷。
②主、从动锥齿轮间隙过大；从动锥齿轮松动。

3. 发热

①轴承过紧/或齿轮间间隙过小；
②缺少齿轮油，或齿轮油黏度过小。

4. 乱挡

①变速器控制弹簧压缩量达不到规定要求。
②换挡滑杆互锁销磨损严重。

5. 跳挡

①定位装置失效（变速叉凹槽或定位球磨损松旷，定位弹簧过软或折断）。
②齿轮磨损严重，沿齿方向磨成锥形。
③变速器轴、轴承磨损严重或轴向间隙过大，使轴转动时跳动或窜动。

五、分动器故障案例

1. 故障现象

一辆行驶里程约 30 000 km 的 2009 款宝马 X6，该车由于分动器漏油更换了分动器总成。更换完分动器总成之后根据维修的原则先对车辆进行编程设码，然后通过服务功能对分动器进行磨损值的输入。通过下列路径：服务功能→电动电机→VTG 变速器控制系统→VTG 控制系统：更换（S2710-VTG84——变速器控制系统：更换）。选择"VTG-SG 已经进行了更换，已从旧的控制模块读取了变速器等级"；然后系统提示输入变速器模槽中的变速器等级（MPT零件号码后的数字）。输入后系统提示：设码符合车辆数据（注意：变速器的等级这个分级一般是3位，也可以是4位）。

输入之后，进行多次调试都没有成功。仪表上"4×4"故障报警灯一直点亮着。

2. 故障诊断

首先通过ISID进行诊断测试，读取故障内容如下：
① 5F3A DSC 分动器故障（当前存在）。
② 6428 ICM VTG 接口（当前不存在）。
③ 5225 VTG 分类缺少（当前存在）。
④ CF80 发动机控制信号标准扭矩请求（当前存在）。
⑤ 601D EMF:DSC 接口信号无效（当前不存在）。
⑥ 601E EMF:DSC 接口信号无效（当前不存在）。

3. 故障排除

对于上述的故障存储，前4个故障记忆无法删除。多次尝试输入分级数据，每次都能成功输入，但是仍然无法调试，说明此时车辆的系统仍然有某个系统对VTG有影响。"5225 VTG 分类缺少"由于"分类值"输入不成功导致；"5F3A DSC 分动器故障"则由于5225 VTG 分类缺少引起；"CF80 发动机控制信号标准扭矩请求（当前存在）"则又是由于5F3A DSC 分动器故障引起；"6428 ICM VTG 接口"正是这个故障导致ICM缺失VTG信息，所以ICM对中央动态行驶调节无法校准，致使ICM将4×4功能关闭。所以分析认为分级无法输入由于"6428 ICM VTG 接口"引起。

"6428 ICM VTG 接口"可以通过QMVH的试运转消除，QMVH表示后桥横向扭矩分配。在以下操作时需要进行QMVH的试运转：
①更换伺服电动机。
②更换控制模块。
③更换控制模块和伺服电动机。
④更换后驱动桥。
⑤更换后驱动桥和控制模块。
⑥编程后车辆的动作。

而此车刚好编过程，所以需要对QMVH试运转。通过ISID的服务功能对QMVH进行试运转，再次输入分级值，VTG调试3个循环，每次15 s；发动机扭矩调试5个循环，每次最长30 s。再次删除故障存储，故障灯熄灭，试车故障灯没有点亮，故障排除。

任务四　手动变速器的拆装与故障诊断

一、手动变速器的拆装

1. 目的和要求

①了解变速器的结构特点和装配关系。
②了解变速器动力传递过程。
③了解操纵装置中自锁、互锁和倒挡保险机构的结构和工作原理。
④了解同步器的结构。

2. 实验器材

常用工具1套，木棒，拉具，撬棒，铜棒，榔头。

3. 变速器拆装注意事项

①拆装时，应注意安全。
②正确使用工具，严格遵照拆装顺序。
③装配时各轴应在空挡位置。
④装配输入轴、输出轴、主减速齿轮轴及主减速器时，注意轴承预紧力。
⑤在装入变速器壳时，注意接触面密封情况。
⑥装配好变速器操纵机构后，操纵应轻便灵活，锁止机构能起作用。

4. 变速器的拆卸

①拆车速里程表驱动机构的从动齿轮。
②拆变速器盖，如图3-20所示。
③拆第二轴端部螺母、止动垫片、五挡同步器及拨叉、五挡从动齿轮、滚针轴承及其垫圈，如图3-21所示。

图 3-20 拆卸变速器（一）

图 3-21 拆卸变速器（二）

④拆下第五挡主动齿轮的轴向定位卡环、挡圈，用拉码拉下第一轴上第五挡主动齿轮，如图 3-22 所示。

⑤拆第一轴、第二轴末端轴承外圈止动板螺栓及其止动板，如图 3-23 所示。

图 3-22 拆卸变速器（三）

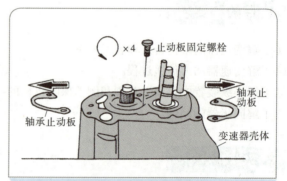

图 3-23 拆卸变速器（四）

⑥拆变速器壳体紧固螺栓及其壳体，如图 3-24 所示。

⑦拆倒挡齿轮轴上限位套、倒挡轴及倒挡滑动齿轮（惰轮），如图 3-25 所示。

⑧拆下变速器内部的换挡机构：各挡位换挡轴、变速叉、杆轴总成，如图 3-26 所示。

⑨拆出变速器第二轴总成。

⑩拆下组合式轴承座的固定螺栓，取下组合式轴承座，如图 3-27 所示。

⑪拆下差速器总成，其分解如图 3-28 所示。

图 3-24 拆卸变速器（五）

图 3-25 拆卸变速器（六）

图 3-26 拆卸变速器（七）

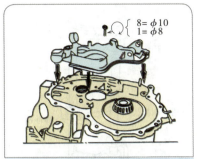
图 3-27 拆卸变速器（八）

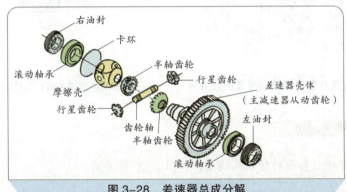
图 3-28 差速器总成分解

5. 变速器的装配

按变速器解体时相反的步骤组装变速器。组装时应注意下列事项：

①变速器组装前应检查各零部件是否合乎规定要求，若有损坏应及时维修或更换。
②更换全部密封件及锁紧垫片。
③更换变速器零件时，应注意部分零件更改前后的互换性，如差速器壳体、车速里程表等更改前后不能通用。
④在组装之前，应将所有零件彻底清洗，并用压缩空气吹净待装。
⑤各部轴承及键槽、叉轴、齿轮安装时应涂以齿轮油。
⑥对有些零部件应注意其相关位置及安装方向。
⑦安装时必须保证内部换挡机构的正确位置，其各挡位拨叉的位置关系如图3-29所示，其换挡轴臂与拨爪的相对装配关系如图3-30所示。
⑧在组装过程中，应按照零件相互配合和技术标准进行装配，严禁用手锤在零件表面上直接敲击，以防损坏零件。
⑨变速器壳体接合面组装时应涂薄层密封胶，以防漏油。
⑩按规定的力矩要求拧紧各连接螺栓、螺母。

（1）轴的重新装配

使用过的零件应进行清洗、检查，将所有需要更换的零件准备好，就可以准备进行主轴的装配。

课题三 手动变速器的构造与维修

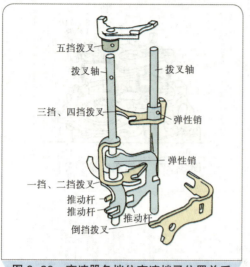

图 3-29 变速器各挡位变速拨叉位置关系

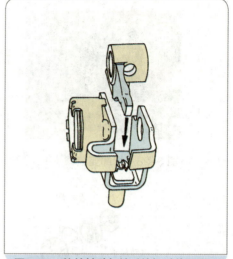

图 3-30 换挡轴臂与拨爪的相对装配关系

1) 输入轴总成的检查

① 检查各挡齿轮滚针轴承的磨损或损坏，如图 3-31 所示。

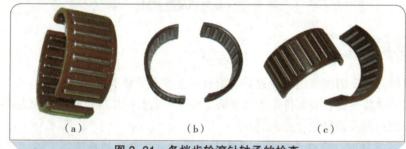

图 3-31 各挡齿轮滚针轴承的检查

（a）检查滚针槽是否过度磨损；（b）滚针是否卡死；（c）滚针架有无变形

② 检查各齿轮的磨损或损坏，如图 3-32 和表 3-1 所示。

图 3-32 各齿轮检查部位

表 3-1　检查齿轮的磨损和损坏

部位	规范值 /mm		极限值 /mm	
	齿轮内径	齿轮宽度	齿轮内径	齿轮宽度
三挡齿轮（输入）	37.000 ~ 37.025	27.300 ~ 27.370	37.050	27.200
四挡齿轮（输入）	37.000 ~ 37.025	27.250 ~ 27.300	37.050	27.150
齿轮内孔表面	目测这些部位是否有严重的损坏或磨损			
齿轮				
锥面				
齿轮两端面				
与齿套接合部位	检查此处有否间隙过大、损坏和棱角变圆			

③检查三、四挡同步器齿毂和齿套的磨损或损坏，如图 3-33 和表 3-2 所示。

图 3-33　同步器检查部件

表 3-2　三、四挡同步器齿毂和齿套的磨损情况

部位	规范值 /mm	极限值 /mm
花键	目测这些部位是否有严重的损坏或磨损	
滑块的滑槽		
把齿毂装配到齿套里，检查齿毂在上、下方向是否过松及齿毂、齿套是否歪斜		
拨叉槽宽度	7.005 ~ 7.012	7.300
与齿轮接合部位	目测此部位是否有严重的损坏、磨损、伤痕或棱角变圆	

④检查输入轴的磨损或损坏，如图 3-34 和表 3-3 所示。

图 3-34　输入轴检查部位

表 3-3　输入轴检查部位

部位	规范值 /mm	极限值 /mm
与衬套配合的轴径	25.012 ~ 25.017	24.990
齿轮和花键齿表面	目测这些表面是否有严重损坏、磨损、伤痕或棱角变圆	

⑤检查同步器滑块和同步器弹簧的磨损或损坏，如图 3-35 和表 3-4 所示。

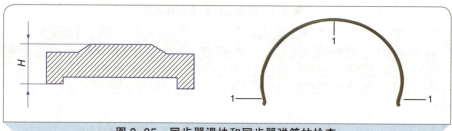

图 3-35 同步器滑块和同步器弹簧的检查

表 3-4 同步器滑块和同步器弹簧的检查

部位	规范值 /mm	极限值 /mm
四挡齿轮滑块高度（H 尺寸）	4.6～4.8	4.3
弹簧 1	目测弹簧是否损坏或扭曲变形	

⑥检查同步环的磨损或损坏，如图 3-36 和表 3-5 所示。

⑦检查轴承的磨损或损坏。

图 3-36 同步环的检查

表 3-5 同步环的检查

部位	规范值 /mm	极限值 /mm
同步环压到三、四挡齿轮上时的间隙	0.85～1.45	0.50
花键部位的损坏	目测这些部位是否有严重损坏	
内锥面的损坏		

2）输入轴总成的装配

①清洗所有部件，并检测零件没有损坏。安装前轴承，并用锤轻敲到位，如图 3-37 所示。

②装配三挡滚针轴承、三挡齿轮总成，如图 3-38 所示。

图 3-37 输入轴总成的装配（一）

图 3-38 输入轴总成的装配（二）

③装配三挡同步器齿环和三、四挡同步器总成，应保证齿毂和齿套两者都能平顺地滑动，如图 3-39、图 3-40 所示。

图 3-39 输入轴总成的装配（三）

图 3-40 输入轴总成的装配（四）

> **注意**
> 按拆卸时所标记的方向安装，如图 3-41 所示。

④装配四挡同步器齿环、隔环，如图 3-42、图 3-43 所示。

图 3-41 按拆卸时所标记的方向安装

图 3-42 输入轴总成的装配（五）

图 3-43 输入轴总成的装配（六）

⑤装配四挡齿轮滚针轴承和四挡齿轮总成，如图 3-44、图 3-45 所示。

图 3-44 输入轴总成的装配（七）

图 3-45 输入轴总成的装配（八）

⑥装上隔环、四挡齿轮轴向端垫定位球、四挡齿轮轴向端垫和四挡齿轮轴向端垫挡圈，如图 3-46、图 3-47 所示。

图 3-46 输入轴总成的装配（九）

图 3-47 输入轴总成的装配（十）

⑦装配隔环、五挡齿轮滚针轴承和五挡齿轮，如图3-48所示。

⑧装上五挡同步器齿环和五挡同步器总成，如图3-49、图3-50所示。

图 3-48 输入轴总成的装配（十一）

图 3-49 输入轴总成的装配（十二）

图 3-50 输入轴总成的装配（十三）

⑨最后装上后轴承，并轻敲到位，如图3-51所示。

⑩总成装配后，测量输入轴各部的端隙值，若所测端隙不符合规定值，则需检查齿轮、衬套和齿毂的滑动部位，更换不合格零件后重新测量，如图3-52所示。

图 3-51 输入轴总成的装配（十四）

图 3-52 输入轴总成的装配（十五）

3）输出轴总成的检查

①检查二挡齿轮衬套的磨损或损坏，如图3-53所示。

任务四　手动变速器的拆装与故障诊断

图 3-53　二挡齿轮衬套检查部位

②检查各齿轮的磨损或损坏，如图 3-54 和表 3-6 所示。
③检查一、二挡同步器齿毂和齿套的磨损或损坏，如图 3-55 和表 3-7 所示。

图 3-54　各齿轮检查部位

表 3-6　各齿轮的检查

部位	规范值 /mm		极限值 /mm	
	齿轮内径	齿轮宽度	齿轮内径	齿轮宽度
一挡齿轮（输入）	37.000 ~ 37.025	32.230 ~ 32.300	37.050	32.200
二挡齿轮（输入）	37.000 ~ 36.960	32.300 ~ 32.370	37.050	32.200
花键锥面				
齿轮		检查这些部分是否间隙过大、损坏或棱角变圆		
齿轮两端面				
与齿套接合部位				

图 3-55　一、二挡同步器齿毂和齿套的检查

表 3-7　一、二挡同步器齿毂和齿套的磨损情况

部位	规范值 /mm	极限值 /mm
齿轮	目测这些部位是否有严重的损坏或磨损	
同步器滑块的滑槽		
把齿毂装到齿套里，检查齿毂在上、下方向是否过松及齿毂、齿套是否歪斜		
拨叉槽宽度	7.050 ~ 7.120	7.300
与齿轮接合部位	目测此部位是否有严重的损坏、磨损、伤痕或棱角变圆	

④检查输出轴的磨损或损坏,如图 3-56 和表 3-8 所示。

图 3-56　输出轴检查部位

表 3-8　输出轴检查部位

部位		规范值 /mm	极限值 /mm
与滚针轴承配合的外径	1	29.979 ~ 30.000	29.960
	2	29.971 ~ 29.991	29.950
齿轮和花键齿表面		目测这些表面是否有严重损坏、磨损、伤痕或棱角变圆	

●检查同步器滑块和同步器弹簧的磨损或损坏,如图 3-57 和表 3-9 所示。

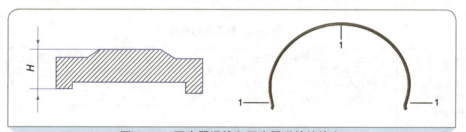

图 3-57　同步器滑块和同步器弹簧的检查

表 3-9　同步器滑块和同步器弹簧的检查

部位	规范值 /mm	极限值 /mm
一、二挡同步器滑块高度（H 尺寸）	5.1 ± 0.1	4.7
弹簧 1	目测弹簧是否损坏或扭曲变形	

⑥检查一、二挡齿轮和锥形弹垫的损坏或磨损情况,如图 3-58 和表 3-10 所示。

表 3-10　一、二挡齿轮和锥形弹垫的检查

部位	规范值 /mm	极限值 /mm
副齿轮内径	47.0~47.2	47.5
副齿轮与锥形弹垫相滑动的表面	目测弹簧是否损坏或扭曲变形	

图 3-58　一、二挡齿轮和锥形弹垫的检查部位

⑦检查同步环的磨损或损坏情况,如图 3-59 和表 3-11 所示。

任务四　手动变速器的拆装与故障诊断

图 3-59　同步环的检查

表 3-11　同步环的检查

部位	规范值/mm	极限值/mm
同步环压到齿轮上时的间隙	0.85～1.45	0.50
内锥面的损坏	目测这些部位是否有严重损坏	
花键部位的损坏		

4）输出轴装配

清洗检测完毕后，在输出轴每个齿轮的旋转或滑动部位的整个表面上涂敷齿轮油。

①用专用工具压入输出轴前轴承，如图 3-60 所示。

②装配一挡滚针轴承、一挡从动齿轮及一挡同步环，分别如图 3-61～图 3-63 所示。

图 3-60　输出轴装配（一）

图 3-61　输出轴装配（二）

图 3-62　输出轴装配（三）

图 3-63　输出轴装配（四）

③装配一、二挡同步器总成，并将轴用弹性挡圈卡进轴槽内，装入二挡同步环，分别如图 3-64、图 3-65 所示。

图 3-64　输出轴装配（五）

图 3-65　输出轴装配（六）

④装配隔环、二挡滚针轴承和二挡从动齿轮，如图3-66、图3-67所示。

图3-66 输出轴装配（七）

图3-67 输出轴装配（八）

⑤装配三挡从动齿轮及三挡从动齿轮轴向定位套，如图3-68所示。

⑥用专用工具压入四挡、五挡从动齿轮，并将新的五挡齿轮轴用弹性挡圈卡进轴槽内，分别如图3-69～图3-71所示。

图3-68 输出轴装配（九）

图3-69 输出轴装配（十）

图3-70 输出轴装配（十一）

图3-71 输出轴装配（十二）

⑦用专用工具压入输出轴后轴承。总成装配后，测量输出轴各部的端隙，如图3-72所示。

图3-72 输出轴装配（十三）

（2）差速器的拆卸、检查和安装

差速器需要部分或全部拆卸，从而更换轴承内座圈、齿圈或差速器齿轮，如图 3-73 所示。

图 3-73　差速器总成

> **注意**
>
> 当离合器啮合时，若差速器齿轮副间隙过大，则产生齿轮冲击，发出沉闷的金属撞击声，特别是在改变方向、由低速挡挂入倒挡或由倒挡挂入低速挡时。

差速器间隙可以用三种方法来检查，用哪一种取决于是否接近齿轮以及所给的规格说明。如图 3-74 所示，检查差速器间隙最快最简单的方法是，在半轴齿轮和壳体之间插入测隙规。有些差速器的这些区域是圆形的，这种情况下不能使用测隙规来检查。第二种方法是转动齿轮时在两个齿轮之间插入塑料测隙条测量被压的厚度。第三种方法是安装一个百分表，百分表的测头放在其中一个半轴齿轮的一个齿上。将另一个半轴齿轮固定住，向前向后转动第一个半轴齿轮将产生晃动。晃动量可从百分表指针看出。有的制造商给了这种检查的规格为 0 ~ 23 mm。有的差速器间隙过大，可通过在差速器行星齿轮和半轴齿轮后面使用较大的止推垫圈来减小间隙。另外有些差速器不使用止推垫圈，则必须更换差速器。

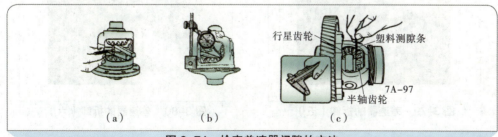

图 3-74　检查差速器间隙的方法

（a）差速器磨损可通过测量半轴齿轮与壳体之间的间隙来检查；（b）使用百分表测量半轴齿轮的侧隙来检查；（c）使用塑料测隙条来检查；

1) 差速器的拆卸

①拆卸主减速器齿轮连接螺母，如图3-75所示。
②拆下主减速器从动齿轮，如图3-76所示。

图3-75　差速器的拆卸（一）

图3-76　差速器的拆卸（二）

③使用冲棒，冲出弹性圆柱锁，如图3-77所示。
④拔出差速器行星齿轮轴，如图3-78所示。

图3-77　差速器的拆卸（三）

图3-78　差速器的拆卸（四）

⑤拆出行星齿轮轴后，拿出差速器行星齿轮、行星齿轮垫片、半轴齿轮和半轴齿轮垫片。检查表面是否有划痕和磨损，分别如图3-79~图3-82所示。

图3-79　差速器的拆卸（五）

图3-80　差速器的拆卸（六）

任务四　手动变速器的拆装与故障诊断

图 3-81　差速器的拆卸（七）

图 3-82　差速器的拆卸（八）

2）差速器总成的检查

①检查差速器齿圈。用目测方法检查齿表面有无磨损或损坏。

②检查半轴齿轮、行星齿轮和行星齿轮轴的磨损或损坏情况，如图 3-83 和表 3-12 所示。

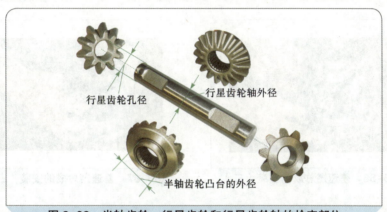
图 3-83　半轴齿轮、行星齿轮和行星齿轮轴的检查部位

表 3-12　半轴齿轮、行星齿轮和行星齿轮轴的检查

部位	规范值 /mm	极限值 /mm
半轴齿轮凸台的外径	31.950 ~ 31.975	32.000
行星齿轮孔径	15.003 ~ 15.008	15.030
行星齿轮轴外径	15.032 ~ 15.050	14.970
检查半轴齿轮的齿表面和花键部分是否有磨损或损坏		

③检查差速器壳和止推垫片的磨损或损坏情况，如图 3-84 和表 3-13 所示。

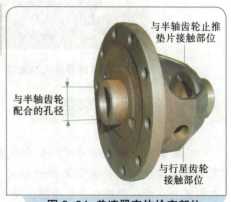
图 3-84　差速器壳体检查部位

表 3-13 差速器壳和止推垫片的检查

部位	规范值 /mm	极限值 /mm
止推垫片的厚度	0.800 ± 0.050	0.700
与半轴齿轮配合的孔径	32.009 ~ 32.031	32.080
与行星齿轮轴接触部位	目测有无过度磨损或损坏	
与半轴齿轮止推垫片接触部位		

3）差速器总成的安装

①按与拆卸相反的顺序安装。

②装配差速器半轴齿轮垫片和半轴齿轮，如图 3-85 所示。

③主减速器齿轮连接螺母按对角的顺序多次拧紧，如图 3-86 和图 3-87 所示。

图 3-85 差速器总成的安装（一）

图 3-86 差速器总成的安装（二）

图 3-87 差速器总成的安装（三）

④安装差速器齿轮，如图 3-88 所示。

⑤安装完成后，检查差速器行星齿轮组之间转动是否顺畅，如图 3-89 所示。

图 3-88 差速器总成的安装（四）

图 3-89 差速器总成的安装（五）

（3）变速器总成装配

变速器的装配步骤通常与拆卸步骤相反，最后从壳体上拆下来的通常第一个装配。由于各变速器或变速驱动桥总成差异相当大，建议查看有关说明和特定步骤。每个运动零件在安装前都要进行润滑。润滑脂、变速器润滑油或齿轮油是常用的润滑剂。

1) 典型变速器总成的装配步骤

①将变速器总成放入壳体。
②将输入轴和主轴一起放入壳体中。
③安装拨叉和拨叉轴。
④安装倒挡惰轮、倒挡惰轮轴和拨叉，如图 3-90 所示。
⑤在壳体配合表面涂密封胶。
⑥安装壳体盖，以规定的力矩拧紧螺栓。
⑦安装外壳零件。
⑧检查空挡和所有挡位的工作情况。

安装倒档中间齿轮和倒档中间齿轮轴，使倒档中间齿轮轴上的标记（图示A）和前壳体上的凸台（图示B）对齐。

图 3-90 与标记对齐

注意

装配后，在空挡位置时，输入轴应转动平稳且容易转动，输出轴没有拖滞，每个齿轮在一定范围内也应转动平稳而没有过多拖滞，如图 3-91 所示。

图 3-91 装配后进行检查

在装配变速器或变速驱动桥之前应对圆锥滚子轴承预紧和对每根轴的端隙进行检查。可选配垫片置于每根轴一端的轴承处，并且垫片的厚度决定了预紧和端隙的量。当轴转动时，预紧将产生轻微的拖滞，预紧力的大小通常用扭力扳手来测量。端隙是轴自由纵向运动形成的，通常使用百分表或测隙规来测量。

2) 检查和调整变速器轴承间隙和预紧力的步骤

①将轴及其轴承放在壳体中进行检查。如果换用了新的零件，则必须进行调整。使用的调整垫片过小，则会出现端隙。开始时，通常使用比原来使用过的垫片或最小的垫片大约小 0.25 mm 的垫片。
②安装轴承挡圈或壳体盖，以规定的力矩拧紧螺栓。拧紧螺栓固定轴承时，要将轴承转动几次。
③在轴的末端平行地安装带有测头的百分表，如图 3-92 所示。在自由行程内将轴上下摇动几下，同时在百分表上读出端隙或间隙量。

> **注意**
>
> 检查端隙至少三次或直到读出固定值。

④将自由行程大小与规定值进行比较。如果间隙明确并且行程在规定范围内，则不需要调整。如果间隙明确但行程超过规定值或低于规定值，则必须进行调整。

图 3-92　安装百分表

> **注意**
>
> 如果间隙过大，垫片的尺寸通常需要增加。例如，行程为 0.25 mm，规定值为 0.025～0.076 mm，检查过程中选用比原来使用过的垫片大 0.2 mm 的垫片是正确的。太小的行程也可以用同样的方法进行调整，只不过是使用较薄的垫片。

⑤如果需要更换垫片，拆下轴承挡圈、壳体盖和旧的垫片。测量垫片厚度，增加尺寸到最后一次测量厚度。选择和安装正确尺寸的垫片，更换轴承挡圈，拧紧螺栓，转动轴使轴承落座，感觉是否有端隙。在预紧轴上，应该没有任何端隙。

3）变速器的试验

变速器进行磨合试验的目的主要有两个：一是改善各运动件配合副的工作表面状况；二是检查变速器的修理与装配质量。试验时将变速器装在专门的试验架上或与发动机热试验一道进行。其主动轴转速应在 1 000～1 500 r/min 的范围内。试验的顺序是先在无负荷下进行各挡齿轮的磨合，其时间不少于 15 min，一切正常后再加负荷试验。变速器的试验应符合下列技术要求：

①连续运转 1 h 后，齿轮油的温升不得超过 50 ℃，换挡时齿轮的啮合、脱离均应轻便无阻滞。

②在任何挡位上都不应有跳挡现象；在稳定转速下，各挡齿轮可有均匀的啮合噪声，但不允许有高低变化的敲击声；各部位不得漏油。

二、手动变速器常见故障诊断

汽车变速器随着行驶里程的增加，以及不正常的操作，使其零件的磨损、变形随之增加，这样会出现异常响声、挂挡困难、跳挡、发热、漏油等变速器常见故障。

1. 变速器异响

变速器的异响是指变速器工作时发出的不正常声响，如金属的干摩擦声、不均匀的碰撞声等。大致发生在空挡时发响和挂挡后发响两种情况下。

（1）空挡时发响

1）故障现象

发动机怠速运转，变速器处于空挡位置时有异响，踏下离合器踏板时响声消失。

2）故障原因

①变速器与发动机安装时曲轴与变速器第一轴中心线不同心。
②第二轴前轴承磨损、污垢、起毛。
③常啮合齿轮磨损发出均匀的噪声，个别牙齿碎裂，则发出有规律的间隙撞击声。
④常啮合齿轮修理时未成对更换，啮合不良。
⑤第一轴轴承损坏。
⑥旧齿轮换用了新轴承，在此之前已造成齿面不均匀磨损，换用新轴承后，齿面啮合位置改变。

（2）挂挡后发响

1）故障现象

变速器挂入挡位后发响，是由于相互啮合的齿轮在运转时有撞击和变速器空腔的共鸣作用而引起的；当汽车以40 km/h以上车速行驶时，发出一种不正常的响声，且车速越高，响声越大，而当滑行或低速时响声减小或消失。

2）故障原因

①齿轮更换不当，轴或轴承更换后破坏了齿轮正常的啮合。
②差速齿轮或半轴齿轮键槽磨损松旷。
③主、从动锥齿轮配合间隙过大。
④从动锥齿轮螺栓松动。

3）故障判断

变速器产生响声的过程，是由齿轮和轴的振动与其他声源开始，然后扩散到变速器壳壁产生共振而发响。轴承磨损松旷声，可以用下列方法判明部位：
①主动锥齿轮轴（变速器输出轴）后轴承响：在发动机起动后尚未挂挡就可听到。
②主动锥齿轮轴（变速器输出轴）前轴承响：在汽车运行中和变化车速时才响。
③轴承磨损松旷后引起齿轮的发响：将随车速改变而显著改变。
④将前驱动车轮架起，起动发动机并挂上空挡，然后急剧改变车速，查听变速器的响声来源，以判断故障所在部位。

课题三 手动变速器的构造与维修

2. 变速器发热

（1）故障现象

汽车行驶一段路程后，用手触摸变速器时，有非常烫手的感觉。用点温计测定，正常温度为 82 ℃ ~93 ℃。

（2）故障原因

①轴承装配过紧。
②齿轮啮合间隙过小。
③缺少齿轮油或齿轮油黏度太小。

（3）故障排除

应结合发热部位，逐项检查并予以排除。

3. 变速器跳动

（1）故障现象

汽车在行驶中，变速杆自动跳回空挡，滑动齿轮脱离啮合位置（一般多在中、高负荷突然变化或汽车剧烈振动时发生）。

（2）故障原因

①变速叉轴凹槽及定位球磨损松旷，以及定位弹簧过软或折断，致使定位装置失效。
②齿轮或齿套磨损过甚，沿齿长方向磨成锥形。
③变速轴、轴承严重磨损松旷或轴向间隙过大，使轴转动时发生跳动和窜动。
④定位销磨损松旷以及定位弹簧过软或折断，致使定位装置失效。

（3）故障排除

①发现某挡跳动时，仍将变速杆推入该挡，然后拆下变速器盖查看齿轮啮合情况，如齿轮啮合良好，应检查换挡机构。
②用手推动跳挡的换挡杆拨动端试验定位装置：如定位不良，需拆下换挡杆拨动端检查定位球及弹簧，若弹簧过软、折断应进行更换。

③若齿轮未完全啮合,用手推动跳动的齿轮即齿轮正确啮合,应检查换挡杆拨动端是否弯曲。若弯曲应校正。

④若换挡机构良好,而齿轮或齿套不能完全啮合时,应检查齿轮是否磨成锥形,轴承是否松旷,必要时拆下修理或更换。

4. 变速器乱挡

(1) 故障现象

汽车起步挂挡或行驶中换挡,所挂挡与需要挡位不符,或虽然挂入所需挡位但不能退回空挡,或一次挂入两个挡位。

(2) 故障原因

①换挡杆与换挡杆拨动端松旷、损坏或换挡杆拨动端内孔磨损过大。
②变速控制器弹簧压缩量达不到规定的要求。
③换挡滑杆互锁销与小互锁销磨损过大,失去互锁作用。

(3) 故障排除

①变速换挡杆若能任意摆动,且能打圈,则为夹箍销钉折断或失落所致。
②挂挡时,变速换挡杆稍偏离一点位置,就会挂上不需要的挡位,这是换挡杆拨动端工作面磨损过大所致。
③如同时能挂上两个挡位,这是互锁机构失效所致。

三、变速器常见故障实例

 案例一

1. 故障现象

一辆路虎越野车,装有6HP-26变速器,据用户讲最早故障现象为正常行车时偶发性出现中控显示屏上显示"变速器有故障请进行检查"的字样,同时车速跑不起来(后来试车发现其实是变速器锁在三挡上了),如果此时关断点火开关重新起动发动机后故障现象会随即消失,但后来这种现象越来越频繁,于是到4S维修站检修,结果查出关于自动变速器故障的提示内容,维修站建议用户更换变速器总成。用户考虑到更换总成的费用及等待时间周期较长,于是在维修站先换了该变速器的专用自动变速器油和油底壳(滤清器与油底壳为一体式)后并未发现好转才到变速器专业修理厂进行维修。进厂后通过路试得到当时真实故障现象——无论大小油门试车,当变速器由三挡换四挡时发动机转速突然有 200~400 r/min 的空转（变速器打滑），随即变速器进入故障保护模式（锁在三挡），此时仪表故障指示灯点亮同时中控显示屏显示"变速器故障"的提示内容。

2. 故障诊断与排除

　　首先连接路虎专用故障诊断仪进行电控系统故障存储器的查询，结果查出关于变速器中 E 离合器故障以及挡位传动比错误的故障信息。结合该变速器的相关资料信息，通过换挡执行终端元件分配作业表得知该变速器的 E 离合器恰恰正是四、五、六挡离合器，也就是刚好在四挡参与工作。根据实际的故障现象及故障存储期内的提示内容说明故障的范围就是围绕在 E 离合器整个控制周围。因此分析故障形成的可能原因在于：E 离合器本身故障；E 离合器的控制油路存在严重泄露；液压控制模块本身在 E 离合器供油及控制方面（计算机计算传动比时错误）出现故障等。

　　考虑到故障码内容是可清除的，只不过计算机在监控变速器在执行各挡位过程中出现错误信息而启动故障运行模式，而且就目前修理检测中修理人员还没有十足的把握来验证电子液压模块的好坏，直接对电子液压模块判错还为时过早，因此做全面解体检查是完全有必要的。于是修理人员把变速器从车上拾了下来并进行彻底地分解检查，分解变速器后修理人员重点检查 E 离合器情况，通过对所有机械元件的全面检查仅发现 E 离合器有轻微的烧损而且并不严重。这样只要找到 E 离合器轻微烧蚀的原因也就找到该变速器的故障点了。修理人员通过对机械元件的检查并没有很大的收获，所以在之前故障分析中的三种可能原因里一一进行筛选，最后选择了第三种原因（因为 E 离合器仅是轻微的烧蚀，其本身出现故障的可能性极小，另外在检查机械元件油路方面也没有发现严重的磨损，所以考虑 E 离合器的供油油路问题的可能性也小）。极有可能是"液压控制模块本身在 E 离合器供油及控制方面出现故障"，所以在接下来的确认更换配件中修理人员直接选择了：E 离合器摩擦组件（没有单独提供因此只能订购整套摩擦组件）、电子液压控制单元（计算机与阀体一体式）、密封装置元件（修理包）等。

　　所有订购配件到位后修理人员进行该变速器的组装环节，零散配件组装完毕，当进行压力密封性能测试时却发现无论怎么加压 E 离合器活塞都不动作，而其他四个元件(A、B、C、D)则工作良好，符合泄漏标准，看来在之前刚刚分解变速器的检查环节还是有漏洞（没有在供油油路中给 E 离合器加压），说明检查过程中还不够仔细，看来仅是通过目视检查是远远不够的。接下来修理人员要重点对 E 的供油油路方面进行仔细的检查，这次终于发现了问题，原来 E 的供油一端是靠特氟龙密封环来密封，而另一端则是靠变速器定子轴内铝套来密封的，通过加压发现进来的液压油都从 E 离合器轴本身和定子轴内铝套之间泄掉了。因此说明定子轴上的铝套已经严重磨损，只不过在过去使用过程中由于磨损均匀修理人员用眼睛直观观察还以为是没有磨损。通过对测量结果（多次测量计算平均值）的评估发现轴与套之间的间隙太大了。看来磨损处来自定子轴内的铝套而不是 E 轴存在磨损。

　　考虑耐磨程度修理人员选择了铜套，按照标准配合间隙（未超出 0.10 mm）选好铜材加工并安装一个铜套，简单对铜套内径进行打磨后进行 E 离合器的打压试验，结果 E 离合器活塞动作良好且符合其泄漏量，故障排除。

案例二

1. 故障现象

一辆2004年款的宝马730轿车使用6HP19变速器，据用户讲初期变速器经常性不换挡（锁挡），维修后凉车换挡正常，热车后仍然还会出现打滑并锁挡的故障现象。

2. 故障诊断与排除

由于专修厂的技师并没有亲自去体验该变速器的实际故障现象，也没有得到该变速器的准确故障信息。但从专修厂修理人员那里所得到"三－四挡打滑和四－五挡打滑后锁挡"的信息以及实际故障现象，再加之专修厂经常维修6HP系列变速器所总结的一些常见故障解决的经验，可能是因变速器某个挡位传动比信息错误而锁挡的，因此初步分析故障形成的可能性：

①电子液压模块本身故障，这里包括计算机自身对传动比的计算以及与传动比有关的输入转速和输出转速信息存在问题，另外就是液压系统的阀门或电磁阀故障而导致为换挡执行终端元件提供的系统压力不足，致使终端元件打滑或影响换挡响应时间，最终被计算机记录了某个挡位的传动比信息错误或某个元件的监控信息超出范围，从而启动备用模式而锁挡。

②液压模块至换挡终端执行元件（离合器或制动器）之间的液压油路存在泄漏，也就是说电子液压控制方面以及终端执行元件均是正常的，但中间的油路传递存在泄漏从而导致元件打滑量增大，最终被计算机记录到错误的信息。

③终端执行元件本身烧损或存在严重泄漏，这就是说离合器或制动器摩擦元件严重烧损或磨损，同时密封元件（胶圈或活塞）的密封性变差。这样结合对以上三点可能性的评估，修理人员可以先进行变速器的解体检查并最终确定维修方案。

解体变速器时从自动变速器油的品质来看并没有一点烧损的迹象。通过完全解体并逐一对每一个元件进行细致的检查均没有发现问题。因此认为问题应该出现在电子液压模块上，于是通过车辆信息订购了全新原厂配件。在维修中，除了更换电子液压模块总成以外，还更换了各终端元件（离合器和制动器）的密封圈、轴上密封环、过桥油封以及滤清器等。新的电子液压模块通过单独编程后直接组装到变速器上，这样可以降低在车辆上的动态编程所带来的风险。为了保证维修的成功，专修厂修理人员把随带的专用诊断仪直接参与安装调试及试车的过程中。装车后按照标准添加了该变速器的专用型自动变速器油润滑油并准备开始试车。试车结束后故障排除。

案例三

1. 故障现象

捷达前卫GIX车内有焦煳味，加油时发动机轰轰响，车辆走得很慢，拉住手刹车，挂上一挡起步，车辆不行走，发动机也不熄火。

2. 故障诊断与排除

车辆使用中如果对离合器半接合时间过长，也就是说经常用半踩离合器的方法控制车速，离合器片因摩擦产生的过高热量而损坏,造成离合器打滑。正确地驾驶方法是:尽量减少离合器半接合时间,如果跟车时的一挡速度过快,可以摘空挡用脚制动控制车辆速度。

拆下变速箱,更换离合器片,故障排除。

案例四

1. 故障现象

一辆 06 款海马 323,在行驶过程中变速器换挡手柄挂入五挡后踩油门踏板加速时,发动机转速升高但车速没有提高(无动力输出),其他挡位一切正常。

2. 故障诊断与排除

①换挡手柄挂入五挡:说明换挡手柄到拨叉轴的自锁装置没问题。
②其他挡位一切正常:离合器部分没问题。
③加速时发动机转速提高,车速没变化:说明输入轴与输出轴的动力传动有问题。
④五挡动力传动路线说明(诊断思路):输入轴→五挡同步器→五挡主动齿轮 →五挡从动齿轮→输出轴 发动机转速升高,离合器没问题,其他挡位没问题,说明输入轴至输出轴有故障。找出故障,更换部件故障排除。

案例五

1. 故障现象

一辆捷达轿车,装用手动五挡变速器,变速器三挡同步器齿环因磨损更换后,出现了变速器漏油现象,同时,行驶中从五挡换四挡十分困难。

2. 故障检查与排除

经过检查发现,漏油部位是右半轴油封,因为挡位也有问题,于是将变速器从车上拆下来进行分解,更换四挡的同步器齿环,同时更换了左、右两侧的半轴油封,装复后试车,虽然四挡好挂了,但在行驶过程中从四挡降三挡时,又出现换挡难的现象。更换了两个半轴法兰盘及右侧的油封支架,此前更换的三、四挡的同步器齿环均换成原厂的,同时又更换了差速器轴承,但行驶不久故障如故。无奈,再次分解变速器,仔细检查每一个部件,发现变速器两个壳体的结合面上有裂纹,从而导致漏油现象,更换壳体故障排除。

思考与练习

一、填空题

1. 手动变速器由_____、_____、_____等组成。
2. 手动变速器按照轴数的不同可分为_____、_____、_____、_____。
3. 变速器主要有_____、_____、_____、_____几种形式。
4. 手动变速器按传动比的变化方式可分为_____、_____、_____三种。
5. 同步器有_____、_____、_____等类型。

二、判断题

1. 换挡时，一般用两根拨叉轴同时工作。（   ）
2. 变速器在换挡时，为避免同时挂入两挡，必须装设自锁装置。（   ）
3. 变速器的挡位越低，传动比越小，汽车的行驶速度越低。（   ）
4. 互锁装置的作用是当驾驶员用变速杆推动某一拨叉轴时，自动锁上其他所有拨叉轴。（   ）
5. 分动器的操纵机构必须保证：非先挂低速挡，而不得接前桥；非先接前桥而不得摘低速挡。（   ）
6. 无同步器的变速器，在换挡时，无论从高速挡换到低速挡，还是从低速挡换到高速挡，其换挡过程完全一致。（   ）

三、选择题

1. 4×2 型汽车的驱动轮数为（   ）。
   A. 4   B. 2   C. 8   D. 6
2. 三轴式变速器包括（   ）等。
   A. 输入轴   B. 输出轴   C. 中间轴   D. 倒挡轴
3. 两轴式变速器的特点是输入轴与输出轴（   ），且无中间轴。
   A. 重合   B. 垂直   C. 平行   D. 斜交
4. 锁环式惯性同步器加速同步过程的主要原因是（   ）。
   A. 作用在锁环上的推力   B. 惯性力
   C. 摩擦力   D. 以上各因素综合
5. 变速器保证工作齿轮在全齿宽上啮合的是（   ）。
   A. 自锁装置   B. 互锁装置   C. 倒挡锁   D. 差速锁
6. 两轴式变速器适用于（   ）的布置型式。
   A. 发动机前置前驱动   B. 发动机前置全轮驱动
   C. 发动机后置后驱动   D. 发动机前置后轮驱动

课题四

自动变速器的构造与维修

[学习任务]

1. 了解自动变速器的构造及工作原理。
2. 学会自动变速器常见故障维修。
3. 学会自动变速器的维护与使用标准。

[技能要求]

1. 掌握自动变速器的拆装。
2. 掌握常见故障的维修。

任务一　自动变速器的结构与分类

一、自动变速器的结构与特点

1. 自动变速器的结构

自动变速器的厂牌型号很多，如图 4-1 所示为大众 01M 自动变速器结构，其外部形状和内部结构也有所不同，但它们的组成基本相同，都是由液力变矩器和齿轮式自动变速器组合起来的。常见的组成部分有液力变矩器、变速齿轮机构、离合器、制动器、单向离合器、油泵、滤清器、管道、控制阀体、速度调压器等，按照这些部件的功能，可将它们分成液力变矩器、变速齿轮机构、供油系统、自动换挡控制系统和操纵机构五大部分。

任务一　自动变速器的结构与分类

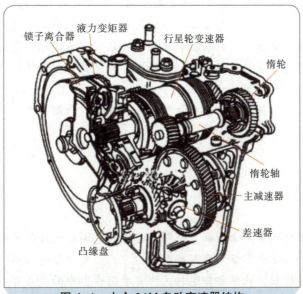

图 4-1　大众 01M 自动变速器结构

（1）液力变矩器

液力变矩器位于自动变速器的最前端，连接在发动机的飞轮上，其作用与采用手动变速器的汽车中的离合器相似。它利用油液循环流动过程中动能的变化将发动机的动力传递给自动变速器的输入轴，并能根据汽车行驶阻力的变化，在一定范围内自动地、无级地改变传动比和扭矩比，具有一定的减速增扭功能。

（2）变速齿轮机构

自动变速器中的变速齿轮机构所采用的形式有普通齿轮式和行星齿轮式两种。采用普通齿轮式的变速器，由于尺寸较大，最大传动比较小，只有少数车型采用。绝大多数轿车自动变速器中的齿轮变速器采用的是行星齿轮式，如图 4-2 所示。

变速齿轮机构主要包括行星齿轮机构和换挡执行机构两部分。

行星齿轮机构，是自动变速器的重要组成部分之一，主要由太阳轮（也称中心轮）、内齿圈、行星架和行星齿轮等元件组成。行星齿轮机构是实现变速的机构，速比的改

图 4-2　行星齿轮式变速器

变是通过不同的元件作主动件、被动件和限制不同元件的运动而实现的。在速比改变的过程中，整个行星齿轮组还存在运动，动力传递没有中断，因而实现了动力换挡。

换挡执行机构主要是用来改变行星齿轮中的主动元件或限制某个元件的运动，改变动力传递的方向和速比，主要由离合器、制动器和单向离合器等组成。离合器的作用是把动力传给行星齿轮机构的某个元件使之成为主动件。制动器的作用是将行星齿轮机构中的某个元件抱住，使之不动。单向离合器也是行星齿轮变速器的换挡元件之一，其作用和离合器及制动器基本相同，也是用于固定或连接几个行星排中的某些太阳轮、行星架、齿圈等基本元件，让行星齿轮变速器组成不同传动比的挡位。

（3）供油系统

自动变速器的供油系统主要由油泵、油箱、滤清器、调压阀及管道所组成。油泵是自动变速器最重要的总成之一，它通常安装在变矩器的后方，由变矩器壳后端的轴套驱动。在发动机运转时，不论汽车是否行驶，油泵都在运转，为自动变速器中的变矩器、换挡执行机构、自动换挡控制系统部分提供一定油压的液压油。油压的调节由调压阀来实现。

（4）自动换挡控制系统

自动换挡控制系统根据发动机的负荷（节气门开度）和汽车的行驶速度，按照设定的换挡规律，自动地接通或切断某些换挡离合器和制动器的供油油路，使离合器结合或分开、制动器制动或释放，以改变齿轮变速器的传动比，从而实现自动换挡。

自动变速器的自动换挡控制系统有液压控制和电液压（电子）控制两种。

液压控制系统是由阀体和各种控制阀及油路所组成的，阀门和油路设置在一个板块内，称为阀体总成。不同型号的自动变速器阀体总成的安装位置有所不同，有的装置于上部，有的装置于侧面，纵置的自动变速器一般装置于下部。

在液压控制系统中，增设控制某些液压油路的电磁阀，就成了电器控制的换挡控制系统，若这些电磁阀是由电子计算机控制的，则成为电子控制的换挡系统。

（5）操纵机构

变速器的操纵机构是用来保证驾驶员能随时拨动齿轮进行换挡，或使之从工作挡退到空挡。其主要部分位于变速器盖内，包括换挡机构、锁定机构、互锁机构等。其中锁定机构主要是防止自动换挡或脱挡；互锁机构是保证变速器不会同时换入两个挡位。

2. 自动变速器的优点

1) 操作简单、省力，提高了运行安全性和乘坐平稳性

安装了自动变速器的汽车取消了离合器踏板。在变速过程中，通过变速杆（或称选挡杆）选择换挡范围以后，在一般情况下，就不再需要任何换挡动作。

手动换挡：驾驶员根据路况，操纵换挡杆，通过滑移齿轮达到换挡目的。

自动换挡：计算机或自动控制系统，接收各种传感器的数值，根据预先设定的程序，当达到换挡条件时，电脑板自动发出控制指令，使自动变速器换挡。

由于简化了操作，驾驶员可以把注意力从频繁的换挡操纵中解放出来，集中精力观察道路和交通情况，提高了行车的安全性和舒适性。

2) 提高了汽车的适应性能和动力性能

自动变速器中的液力变矩器由于它本身既有的性能和它自身能自动根据路况连续地变速，从而提高了汽车的适应性能。

由于自动变速器在换挡过程中传动系统传递的动力不中断，而且没有换挡过程中减少供油的操作，再加上自动换挡在时机的控制上保证发动机功率得以充分利用，所以，自动换挡可以得到很好的加速性，而且提高了平均速度。

3) 提高了汽车通过性能

采用液力自动变速器的汽车，起步容易，且更加平稳，在特别困难路面行驶时，因换挡时没有功率间断，不会出现汽车停车、发动机熄火现象。

4) 使发动机处于最佳工作状态，有利于控制汽车排放污染

自动变速器，尤其是电控自动变速器，通过发动机计算机和自动变速器计算机的通信使发动机的输出和自动变速器的换挡匹配，保持在理论最佳状态，有效地降低了污染。

5) 防止系统过载，延长机件寿命

自动变速器采用的液力变矩器可以吸收和消除传动装置的动载荷。

由于自动变速器的自动换挡避免了换挡时产生的冲击与过载，因此，一般可使传动零件的使用寿命延长。

液力传动汽车的发动机与传动系统由液体工作介质作软性连接，液力传动对振动起到一定的吸收、衰减和缓冲的作用。

3. 自动变速器的缺点

①牵阻制动效果差。自动变速器是用液压变扭器来取代离合器的工作，使得车轮向发动机方向传递力的作用较小，从而在行车挡时，发动机牵阻制动效果不明显，只有使用二速挡或低速挡时，才能表现出牵阻效果。

②耗费燃油。由于变速过程需要用液压来完成，动力在传递中造成损耗，因此相对于手动变动器的机械传动较为耗油。

③自动变速器因制作精密，故相对价格较贵。

二、自动变速器的分类

不同车型所装用的自动变速器在形式结构上往往有很大的差异，下面从不同的角度对自动变速器进行分类。

1. 按汽车驱动方式分类

自动变速器按照汽车驱动方式的不同，可分为后驱动自动变速器和前驱动自动变速器两种。

这两种自动变速器在结构和布置上有很大的不同。后驱动自动变速器的变矩器和齿轮变速器的输入轴及输出轴在同一轴线上，因此轴向尺寸较大；阀板总成则布置在齿轮变速器下方的油底壳内。前驱动自动变速器除了具有与后驱动自动变速器相同的组成部分外，在自动变速器的壳体内还装有差速器。前驱动汽车的发动机有纵置和横置两种。纵置发动机的前驱动自动变速器的结构和布置与后驱动自动变速器基本相同，只是在后端增加了一个差速器。横置发动机的前驱动自动变速器出于汽车横向尺寸的限制，要求有较小的轴向尺寸，因此通常将输入轴和输出轴设计成两个轴线的方式，变矩器和齿轮变速器输入轴布置在上方，输出轴则布置在下方。这样的布置减少了变速器总体的轴向尺寸，但增加了变速器的高度，因此常将阀板总成布置在变速器的侧面或上方，以保证汽车有足够的最小离地间隙。

2. 按前进挡的挡位数分类

自动变速器按前进挡的挡位数不同，可分为两个、三个和四个前进挡三种。

早期的自动变速器通常为两个前进挡或三个前进挡。这两种自动变速器都没有超速挡，其最高挡为直接挡。新型轿车装用的自动变速器基本上都是四个前进挡，即设有超速挡。现在还有了六个、七个前进挡。

3. 按齿轮变速器的类型分类

自动变速器按其齿轮变速器的类型不同，可分为普通齿轮式和行星齿轮式两种。

普通齿轮式自动变速器由于体积较大，最大传动比较小，所以只有少数几种车辆使用（如本田ACCORD轿车）。行星齿轮式自动变速器由于结构紧凑，能获得较大的传功比，所以为绝大多数轿车所采用。

4. 按变矩器的类型分类

一般都是采用结构简单的单级三元件综合式液力变矩器。这种变矩器又分为有锁止离合器和无锁止离合器两种，早期的变矩器中没有锁止离合器，在任何工况下都是以液力方式传递发动机的动力，因此传动效率较低。新型轿车自动变速器大都采用带锁止离合器的变矩器，这样当汽车达到一定车速时，控制系统使锁止离合器接合，液力变矩器输入部分和输出部分连成一体，发动机的动力以机械传递的方式直接传入齿轮变速器，从而提高了传动效率，降低了汽车的燃油消耗量。

5. 按控制方式分类

自动变速器按控制方式不同，可分为液力控制自动变速器和电子控制自动变速器两种。

液力控制自动变速器是通过机械的手段，将汽车行驶时的车速及节气门开度这两个参数转变为液压控制信号；阀板中的各个控制阀根据这些液压控制信号的大小，按照设定的换挡规律，通过控制换挡执行机构的动作，实现自动换挡。电子控制自动变速器是通过各种传感器，将发动机的转速、节气门的开度、车速、发动机温度、变矩器油液的温度等参数转变成电信号并输入计算机，计算机根据设定的换挡程序向换挡电磁阀、油液电磁阀等发出控制信号，从而实现自动换挡。

三、手控连杆

自动变速器的换挡操纵机构包括手动选择阀的操纵机构和节气门阀的操纵机构等。

驾驶员通过自动变速器的操纵手柄改变阀板内的手动阀位置，控制系统根据手动阀的位置及节气门开度、车速、控制开关的状态等因素，利用液压自动控制原理或电子自动控制原理，按照一定的规律控制齿轮变速器中的换挡执行机构的工作，实现自动换挡。

手控连杆的结构功能如图4-3所示。

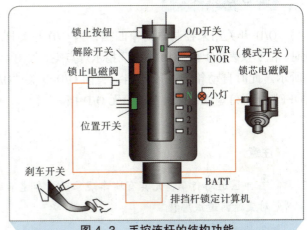

图4-3 手控连杆的结构功能

1. 各挡功能

手控连杆实物如图4-4所示。

"P"挡：又称停车挡，当手控连杆位于"P"挡的时候，变速器内各离合器制动器处于分离状态，无动力输出，同时自动箱内的锁车爪固定锁车棘轮，将输出轴固定，此时车辆不能移动，只有在"P""N"挡时发动机才能起动。

"R"挡：当手动连杆置于"R"挡位置时，拉动拉线，自动箱内的手动阀，接通倒挡油路，同时发动机提速。

"N"挡：又称中立挡，"N"挡可用于拖车或在行车时起动车。

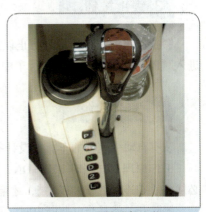

图4-4 手控连杆实物

"2"挡：又称具有引擎制动功能的锁止"2"挡。"2"挡位时，自动箱可在一挡和二挡自由变换，但无论发动机的转速有多高变速箱都不会升到三挡。

"L"挡：又称锁止一挡，具有引擎制动功能，此时变速箱无论油门有多大，都不会升到二挡。

> **注意**
>
> "2"挡、"L"挡主要在爬坡时使用，避免自动箱频繁地升、降挡，损坏自动箱。

"D"挡："D"位时，自动箱可根据车速的变化在一、二、三、四挡之间自由变化。
一挡：引擎转速 2 000 r/min，车速 20 km/h。
二挡：引擎转速 2 000 r/min，车速 40 km/h。
三挡：引擎转速 2 000 r/min，车速 60 km/h。
四挡：引擎转速 2 000 r/min，车速 80 km/h。

> **注意**
>
> 如能达到以上标准说明汽车升挡正常。

2. O/D 开关

O/D 开关用来控制自动箱四挡，当 O/D 开关打开时，位于仪表板上的"O/D OFF"指示灯点亮，如图 4-5 所示。此时自动箱能进入四挡，关闭 O/D 开关"O/D OFF"指示灯熄灭，此时自动箱无 O/D 挡。

图 4-5　O/D 开关

> **注意**
>
> 在市区道路行车，尤其有堵车现象时，车速不高，又经常加速、减速，此时应关闭 O/D 挡，以免对变速器造成磨损。

3. 锁止按钮

锁止按钮的主要作用是防止误操作，"R"位时不能进入"P"挡及"N"挡，"D"位时不能进入"R"挡及"2"挡，在行车中，避免损坏变速箱。

4. 解除开关

装有自动变速器的车，都设计有一排挡杆锁止电磁阀和锁芯电磁阀。

工作原理：挂挡时 KEY-ON，先踩刹车，电磁阀通电时才能挂挡，避免发生危险；停车时，必须将手控连杆置于"P"挡，才能取出钥匙。

解除开关就是当电瓶断电时，可以通过开关解除锁止状态，部分车无解除开关，如日产 A32

5. 常见排挡杆锁定电路

排挡杆锁定电路如图 4-6 所示。

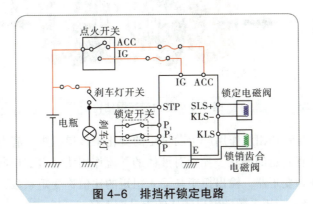

图 4-6 排挡杆锁定电路

（1）元器件位置

ECU 位于排挡杆正后方，锁止开关位于排挡杆上或变速箱上。
锁止电磁阀位于排挡杆下方，锁芯电磁阀位于点火开关旁。

（2）工作原理

P_1 开关在"P"挡以外时断开，主要控制锁止电磁阀 KEY-ON，IG、ACC 同时有电，P_1 开关闭合。此时踩刹车，锁止电磁阀通电，即可挂挡，当手控连杆位于其他挡位时，P_1 开关断开，电磁阀回位。P_2 开关在"P"挡以外时处于闭合状态，在"P"挡时，为断开状态。KEY-ON 时，IG 柱断电，P_2 断开，证明手控连杆位于"P"挡，电磁阀通电，此时可以取出钥匙。

四、液力变矩器

液力变矩器是由泵轮、涡轮、导轮组成的液力元件。安装在发动机和变速器之间，以自动变速器油为工作介质，起传递转矩、变矩、变速及离合的作用。

1. 液力变矩器的结构

变矩器安装在发动机飞轮后端，通过螺栓与飞轮固定在一起，在变矩器之间有一空心轴与输入轴相连，动力由此输出。

液力变矩器是以液体为工作介质的一种非刚性扭矩变换器，是液力传动的形式之一。如图 4-7 所示为液力变矩器，它有一个密闭的工作腔，液体在腔内循环流动，其中泵轮、涡轮和导轮分别与输入轴、输出轴和壳体相连。动力机（内燃机、电动机等）带动输入轴旋转时，液体从离心式泵轮流出，顺次经过涡轮、导轮再返回泵轮，周而复始地循环流动。泵轮将输入轴的机械能传递给液体。高速液体推动涡轮旋转，将能量传给输出轴。

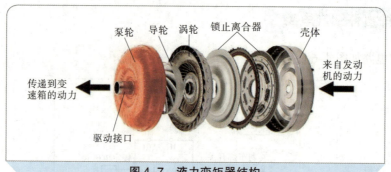

图 4-7 液力变矩器结构

液力变矩器靠液体与叶片相互作用产生动量矩的变化来传递扭矩。液力变矩器不同于液力耦合器的主要特征是它具有固定的导轮。导轮对液体的导流作用使液力变矩器的输出扭矩可高于或低于输入扭矩，因而称为变矩器。输出扭矩与输入扭矩的比值称变矩系数，输出转速为零时的零速变矩系数通常为 2～6。变矩系数随输出转速的上升而下降。

液力变矩器的输入轴与输出轴间靠液体联系，工作构件间没有刚性连接。

液力变矩器的特点是：能消除冲击和震动，过载保护性能和起动性能好；输出轴的转速可大于或小于输入轴的转速，两轴的转速差随传递扭矩的大小而不同；有良好的自动变速性能，载荷增大时输出转速自动下降，反之自动上升；保证动力机有稳定的工作区，载荷的瞬态变化基本不会反映到动力机上。

液力变矩器在额定工况附近效率较高，最高效率为 85%～92%。叶轮是液力变矩器的核心。它的形式和布置位置以及叶片的形状，对变矩器的性能起决定性的作用。有的液力变矩器有两个以上的涡轮、导轮或泵轮，借以获得不同的性能。

最常见的是正转（输出轴和输入轴转向一致）、单级（只有一个涡轮）液力变矩器。兼有变矩器和耦合器性能特点的称为综合式液力变矩器，例如导轮可以固定，也可以随泵轮一起转动的液力变矩器。为使液力变矩器正常工作，避免产生气蚀和保证散热，需要有一定供油压力的辅助供油系统和冷却系统。

2. 液力变矩器的作用

①液力变矩器能够自动无级的根据负载变化而改变涡轮的转速，提高车辆的通过能力。
②液力变矩器通过液体连接泵轮和涡轮，减少发动机对传动系统的冲击载荷，提高传动系统的寿命。
③液力变矩器在起步时，能够提高车辆的起动变矩比，从而提高车辆的动力性能。
④起步平稳柔和，提高乘坐舒适性。

3. 液力变矩器的内部结构

（1）泵轮

泵轮叶片与变矩器外壳焊在一起，随飞轮一起转动，泵轮可以把高压静止的自动变速器油变成高速旋转的自动变速器油，部分车无飞轮，如图 4-8 所示。

（2）涡轮

涡轮与泵轮相对，叶片方向相反，其主要作用是把高速旋转的自动变速器油通过输入轴送到变速箱，如图4-9所示。

（3）导轮

导轮内有一单向器，单向器内缘与自动箱外壳相连，外缘与导轮相连，导轮顺转时打滑，逆转时锁死，如图4-10所示。

图4-8　泵轮

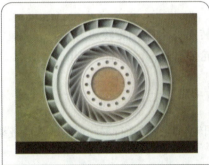
图4-9　涡轮

图4-10　导轮

4. 液力变矩器的液流

液力变矩器的液流分为涡流和环流。涡流方向是由泵轮到涡轮再到导轮，最后回到泵轮，从而不断地循环。环流方向是液体随同工作轮一起绕轴线做圆周运动。环流与涡流合成后的螺旋方向即为实际的液流方向。

5. 液力变矩器的变矩原理

液力耦合器中油液的流动是反向的，液力耦合器泵轮主动与发动机曲轴刚性连接，转动时，离心力使自动变矩器油向外甩，冲击涡轮叶片，涡轮从动，涡轮回流的液体又冲击泵轮，阻碍了泵轮转动，其特点是转动效率低，但在一定范围内能实现无级变速，有利于汽车起步换挡的平顺性。

液力变矩器中油液流动方向，在增加了导轮的液力变矩器中，自动变矩器油从涡轮流入导轮后方向会改变，当油液再流回泵轮时，其流动方向变得与泵轮运动方向相同，这就加强了泵轮的转动力矩，进而也就增大了输出转矩，这就是液力变矩器可以增大转矩的原因。

单向离合器的作用，由于导轮轴上装有单向离合器，使得导轮在受到来自涡轮的油液冲击时，能保持不动，这样才能使导轮改变经过它的油流方向，进而达到增大转矩的作用。

当变矩器变为耦合器时，液力变矩器中油液流动方向，涡轮开始转动时（即汽车起步后），转动涡轮使得从涡轮流入导轮的油液方向有所变化。在涡轮转动产生的离心作用下，油液不再直接射向导轮，而是越过导轮流回泵轮。流回泵轮的油流方向不再与泵轮转向相同，因而失去了加强泵轮转矩的作用，所以此时液力变矩器又变成了液力耦合器，不再具有增大转矩的作用。当导轮开始转动后,随着涡轮转速的继续增加,从涡轮进入导轮的油液冲击到导轮的背向,使导轮以与涡轮和泵轮相同的方向转动。

五、机械变速机构

1. A140E 行星

以 A140E 行星排中的三元件为例,如图 4-11 所示。

辛普森传动机构是利用两组或三组行星排来实现三种或四种速比,都是通过固定某一元件,另一元件作输入,剩下的一元件作输出来实现几种速比。

设齿圈转速为 n_1,行星架转速为 n_2 太阳轮转速为 n_3。

第一种:齿圈固定,太阳轮为输入,行星架为输出。

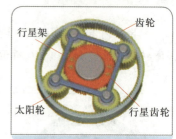

图 4-11 A140E 行星

$$传动比 = \frac{太阳轮转速}{行星架转速} = \frac{n_3}{n_2} = \frac{2.7}{1}$$

传动特点:齿圈固定,太阳轮顺转,带动行星轮逆转,从而带动行星架顺转,传动比为 2.7:1,同向减速增扭,此时为一挡。

第二种:太阳轮固定,齿圈为输入,行星架为输出。

$$传动比 = \frac{齿圈转速}{行星架转速} = \frac{n_1}{n_2} = \frac{1.5}{1}$$

传动特点:太阳轮固定,齿圈顺转,带动行星架顺转,传动比为 1.5:1,同向减速增扭,此时为二挡。

第三种:三元件中,有任意两个元件固定,此时为整体传动,且传动比为 1:1,同向同速,此时为三挡。

第四种:太阳轮固定,行星架为输入,齿圈为输出。

$$传动比 = \frac{行星架转速}{齿圈转速} = \frac{n_2}{n_1} = \frac{0.735}{1}$$

传动特点:太阳轮固定,行星架顺转,带动行星齿轮顺转,从而带动齿圈顺转,传动比为 0.735:1,同向增速,此时为四挡。

第五种:行星架固定,太阳轮为输入,齿圈为输出。

$$传动比 = \frac{太阳轮转速}{齿圈转速} = \frac{n_3}{n_1} = \frac{2}{1}$$

传动特点:太阳轮顺转,带动行星轮逆转,从而带动齿圈逆转,传动比为 2:1,反向减速增扭,此时为 R 挡。

2. 湿式离合器

（1）湿式离合器的作用和组成

湿式离合器的作用是当离合器动作时，连接某两元件。
湿式离合器由摩擦片、钢片、液压活塞、O形圈等组成。
湿式离合器实物如图4-12所示。

1）摩擦片

摩擦片表面有一层非常耐磨的纤维，标准厚度为20~30 mm，正常颜色为棕黄色，且无烧焦的糊味，当上面的花纹或字符变小时表示使用至极限，如图4-13所示。

图4-12　湿式离合器

图4-13　摩擦片

2）钢片

钢片分为普通钢片、调整片、碟形钢片。
普通钢片厚度相同，无反正；调整钢片，平面对准摩擦片；碟形钢片，内面凸缘朝向活塞。

3）液压活塞

液压此活塞有内外密封圈，当离合器液压缸内或中央弹簧式有油压产生时，活塞就会克服弹簧的弹力，使钢片和摩擦片合为一个整体。
液压活塞上的密封圈如下。
① O形○，无反正。
② Y形▭，无反正。
③ 碟形◊，有极强的方向性。

4）防松球

防松球是一个单向球阀，安装在活塞的外圈缘，当离合器动作时，在压力油的冲击下，防松球将活塞出油口堵死，离合器退出工作。在离心力的作用下，打开泄压口，使残余油压排出，从而减小离合器的磨损，如图4-14所示。

5）回位弹簧

回位弹簧有下列三种：

① 周围均布式，如图 4-15 所示。

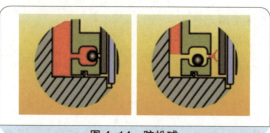

图 4-14　防松球

图 4-15　周围均布式回位弹簧

② 中央弹簧式，如图 4-16 所示。

③ 膜片弹簧式，如图 4-17 所示。

图 4-16　中央弹簧式回位弹簧

图 4-17　膜片弹簧式回位弹簧

（2）离合器的安装

1）清洗

把离合器拆开后，用汽油或清洗剂把钢片、液压活塞及油道清洗干净，如图 4-18 所示。

> **注意**
> 摩擦片、橡胶圈、O 形圈不能粘油。

2）泡片

把钢片及大修包内的摩擦片、O 形圈全部浸泡在新鲜的自动变速器油中半小时以上。

3）安装

在液压活塞上涂上液压油，用专用工具把活塞装好到位，如有碟形钢片，应放在最下端，然后是普通钢片、摩擦片、再钢片，依次到最后，装调整片，用手感觉离合器间隙，无松动感觉，且能自由转动时为最佳间隙；若有必要时可用两片钢片代替调整片，如图 4-19 所示。

4）检测气密性

在油泵上找 C1 加压器，用压缩空气检测离合器的气密性，应能听到离合器动作发出的沉闷的响声，注意听配合轴处的密封圈漏气是否严重。若离合器不动作，可在 O 形圈下端绕棉丝 3~4 圈再试。

图 4-18 清洗离合器

图 4-19 安装离合器

3. 单向离合器

单向离合器又称自由轮离合器，在液力变矩器和行星排中均有应用。

（1）单向离合器的作用

在行星排中，它用来锁止某一个元件的某种转向。它同时还具有固连作用，当与之相连元件的受力方向与锁止方向相同时，该元件即被固连；当受力方向与锁止方向相反时，该元件即被释放。

（2）单向离合器的分类

单向离合器的锁止和释放完全由与之相连元件的受力方向来控制。
常见的单向离合器有滚柱式和楔块式两种。

1）滚柱式单向离合器

滚柱式单向离合器一般由内环、外环、滚柱和保持弹簧组成。内环通过内花键的形式和行星排的某个元件相连；外环通过外花键的形式与行星排的另一个元件或变速器壳体相连。

单向离合器的内环和外环，一个连接旋转件而另一个连接固定件，滚柱弹簧安装在外环（或内环）的斜槽内，弹簧的弹力将滚柱推向较窄的一端。滚柱式单向离合器用于较粗的轴，如图 4-20 所示。

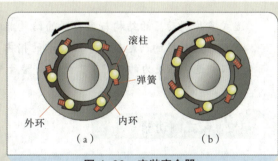
图 4-20 安装离合器
（a）自由状态；（b）锁紧状态

2）楔块式单向离合器

图 4-21 所示为楔块式单向离合器的结构原理简图。它的基本结构和滚柱式单向离合器的相同，它们的主要区别在于锁紧元件由滚柱变为楔块。所以，在内外环上没有斜槽；楔块也不像滚柱单个安装在斜槽中，而是由保持弹簧（有轴承保持架的功能）把所有楔块连为一体，安装在内外环之间。楔块式单向离合器应用较广泛，适用于较细的轴。

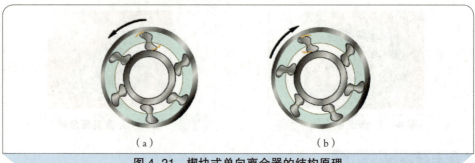

图 4-21　楔块式单向离合器的结构原理

（a）自由状态；（b）锁紧状态

4. 制动器的结构与工作原理

自动变速器的制动器有两种类型：湿式多片制动器和带式制动器，如图 4-22 所示。

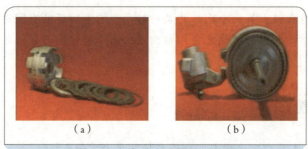

图 4-22　自动变速器的制动器

（a）湿式多片制动器；（b）带式制动器

（1）湿式多片制动器

湿式多片制动器的结构与离合器的结构非常相似。制动器中心支承与变速器壳体固定在一起，制动器盘外缘的凸起嵌在中心支承的槽内不能转动，与制动器盘交替排列的制动器片内缘与行星架相连，在液力的作用下，使制动器盘与片接合，通过制动器片固定行星架。

（2）带式制动器

辛普森行星齿轮机构的太阳轮与制动鼓连为一体，在制动鼓外包围着制动带，制动带的一端固定或支承在间隙调整装置上，另一端由液压缸的活塞推杆驱动。动作时液压推动活塞克服外弹簧的弹力移动，但活塞是通过内弹簧与推杆连接的，所以活塞只能推动内弹簧，内弹簧在推动推杆移动收紧制动带并固定制动鼓，最后太阳轮被固定。采用带式结构有两个好处：一是开始阶段制动带的收紧力比较小，可以有效地减小换挡的冲击；二是制动鼓被制动的过程中会有反力作用在推杆上引起推杆的震动。如果推杆与活塞刚性相连，还会引起活塞的震动。采用弹性连接，可以缓冲这种震动。当内弹簧不能推动推杆移动时，指示活塞在移动并使活塞与推杆凸缘之间的距离缩短。当活塞与推杆直接接触时，活塞直接推动推杆用更大的力将制动带完全收紧并固定制动鼓。

任务二　自动变速器的工作原理

一、液力变矩器的工作原理

①机械能→动能过程。泵轮由发动机驱动旋转，推动液体随泵轮一起绕其轴线旋转，使其获得一定的速度（动能）和压力。其速度决定于泵轮的半径和转速。

②动能→机械能过程。液体靠动能冲向涡轮，作用于叶片一个推力，推动涡轮一起旋转，涡轮获得一定转矩（机械能）。少部分液体动能在高速流动中与流道摩擦生热被消耗。

③动量矩变化过程。导轮固定，液体流经时无机械能转化，由于导轮叶片形态变化（进出口叶片面积不等），液流速度和方向发生变化，其动量矩改变。动量矩变化取决于叶片面积的变化。

涡轮转速随外界负荷的不同而变化，液流冲击叶片的方向和速度亦随之变化。

①增扭。涡轮速度低时，涡流速度大，环流速度小，合成液流的方向冲击导轮正面，经导向顺着泵轮叶片槽冲击涡轮，涡轮的输出转矩增大。

$$M_W = M_B + M_D$$

式中　M_W——涡轮转矩；

　　　M_B——泵轮转矩；

　　　M_D——导轮转矩。

②耦合。随着涡轮转速的增加，当泵轮与涡轮转速相接近时，涡流速度最小，环流速度最大，合成液流的方向正好与导轮叶片相切，$M_D=0$，此时相当于耦合器，对应的转速称为耦合工作点。

$$M_W = M_B$$

③降速。涡轮速度增大，其转速高于泵轮转速涡流速度小，环流速度大，合成液流的方向冲击导轮背面，导轮的转矩反向，涡轮的输出转矩减小。

$$M_W = M_B - M_D$$

④失速：涡轮负载过大而停转（如怠速时）泵轮仍旋转但转速低，变矩器只输入，不输出，涡轮得到的转矩不足以克服阻力矩。涡流速度最小，环流速度最大，合成液流的方向垂直冲击导轮背面，导轮的转矩反向且基本等于泵轮的转矩，涡轮的输出转矩最小，仍用于克服摩擦力，如怠速。

$$M_W = 0$$

总之，外负荷 F 阻升高→车速 v 下降→涡轮转速 n 下降→输出扭矩 M_T 上升及 F 阻下降→v 上升→n 上升→M 下降。这种不需控制而随外界负荷变化而改变输出转矩和转速的性能称为变矩器的自动适应性。

课题四 自动变速器的构造与维修

二、行星齿轮变速器的工作原理

液力变矩器虽能传递和增大发动机转矩，但变矩比不大，变速范围不宽，远不能满足汽车使用工况的需要。为进一步增大扭矩，扩大其变速范围，提高汽车的适应能力，在液力变矩器后面装有辅助变速器，多采用行星齿轮机构。

行星齿轮变速器是由行星齿轮机构及离合器、制动器和单向离合器等执行元件组成。行星齿轮机构通常由多个行星排组成，行星排的多少与挡数的多少有关。

行星齿轮变速器的换挡执行元件包括换挡离合器、换挡制动器和单向离合器。

换挡离合器为湿式多片离合器，当液压使活塞把主动片和从动片压紧时，离合器接合；当工作液从活塞缸排出时，回位弹簧使活塞后退，使离合器分离。

换挡制动器通常有两种形式：一种是湿式多片制动器，其结构与湿式多片离合器基本相同，不同之处是制动器用于连接转动件和变速器壳体，使转动件不能转动。换挡制动器的另一形式是外束式带式制动器。

行星齿轮变速器的单向离合器与液力变矩器中的单向离合器结构相同。

三、其他自动变速箱的工作原理

1. 机械式无级自动变速箱的工作原理

机械式无级自动变速箱将发动机动力经钢带和两个锥轮的槽传递，由初级轮传递到次级轮，再经主减速器传递至驱动车轮，实现动力的传递。由于两皮带轮的中心距是固定的，但其轮在轴上的轴向距离是可变的，因此钢带与带轮的接触半径是变化的，因此传动比是无级可调的，如图4-23所示。

一般机械式无级变速器可提供的变化范围为0.44~4.69，因为不能满足整车传动比变化范围的要求，所以在机械式无级变速器之后需要加装主减速器，以便进一步减速增矩。

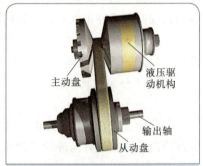

图4-23 机械式无级变速器工作原理

2. 电控机械自动变速箱的工作原理

电控机械自动变速箱中，驾驶员通过加速踏板和选择器（包括选挡范围、换挡规律、巡航控制等）向微控制器表达意图，大量传感器时刻掌握车辆状态，微机按存储在其中的最佳程序（最佳换挡规律、离合器最佳接合规律、发动机油门自适应调节规律）对油门开度、离合器接合以及换挡三者进行控制，实现最佳匹配，从而获得优良的行驶性能、平稳的起步性能和迅速换挡的能力，其原理框图如图4-24所示。

任务二 自动变速器的工作原理

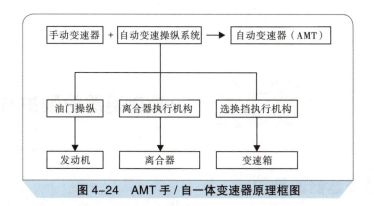

图 4-24 AMT 手/自一体变速器原理框图

3. 双离合器自动变速箱的工作原理

双离合器自动变速箱将变速器按奇、偶数分别布置在与两个离合器所连接的两个输入轴上，通过离合器的交替切换完成换挡过程，实现了不中断动力换挡。

当变速器运作时，一组齿轮被啮合，而接近换挡时，下一组挡段的齿轮已被预选，但离合器仍处于分离状态。当换挡时，一台离合器将使用中的齿轮分离，同时另一台离合器啮合已被预选，在整个换挡期间能确保最少有一组齿轮在输出动力，从而不会出现动力中断的状况。为配合以上运作，DCT 的传动轴运动时被分为两部分，一为实心的传动轴，另一为空心的传动轴。实心的传动轴连接了一、三、五及倒挡，而空心的传动轴则连接二、四及六挡，两台离合器各自负责一根传动轴的啮合动作，引擎动力便会由其中一根传动轴做出无间断的传送，如图 4-25 所示。

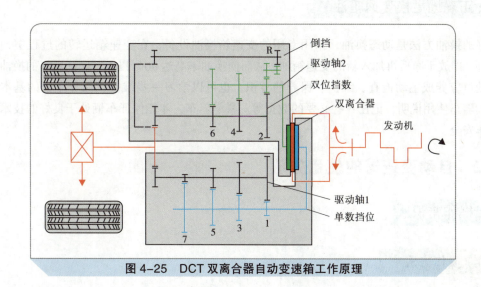

图 4-25 DCT 双离合器自动变速箱工作原理

课题四 自动变速器的构造与维修

任务三 自动变速器的维护与使用方法

一、自动变速器的维护

1. 经常检查自动变速箱油液位是否正常

起动发动机,将变速箱油预热到 50 ℃左右,再将选挡杆在各挡位停留 2 s 后置于停车挡,此时油尺正常油面应位于最高与最低线之间,如不够,应及时添加相同品质的油品。

2. 掌握好自动变速箱油的更换周期

大部分自动变速箱换油周期一般为两年或 4~6 万千米(可以以车辆使用手册为准)。建议提前 0.2~0.3 万千米换油。

3. 正确地更换变速箱油

较好的换油方法是动态换油,采用专用的变速箱换油设备,在变速箱运转的过程中,将旧油充分循环,排放干净后再加入新的变速箱油,从而使换油率高达 90% 以上,保证良好的换油效果。

驾驶员应养成主动检查、维护、保养的意识,也可以学习一些维护、保养车辆的基本知识,认真阅读随车使用说明,记住一些必要的数据等。科学养车,才能保证车辆处于良好的技术状态,保证行车安全。

二、自动变速器的使用方法

1. 操作常识

(1) 操作方法

自动变速箱的问世,减轻了驾驶员驾驶汽车时的紧张感。由于在驾驶过程中无须换挡,驾驶员可以全神贯注地观察车辆周围的情况,并且由于采用精确的电控装置,自动变速箱不仅能适应各种行驶条件,而且也可适应不同的驾驶风格。这意味着换挡时刻取决于驾驶方式、发动机负荷、车速及发动机转速,从而,充分利用了发动机的有效功率。

下面以捷达的四挡自动变速箱为例,介绍自动变速箱的操作方法及使用要点。挡位符号分别为 P、R、N、D、3、2、1。

1) P（PARK）——停车挡

出于安全原因，离车前一定要将换挡杆置于挡位 P，在进行维修时，特别是在发动机运转时，更是如此。

在挡位 P 时，自动变速箱处在空挡，机械杠杆会将输出轴锁死，防止溜车现象发生。只有在车辆完全停稳时，方可将换挡杆置于挡位 P。

换挡杆由一个电磁铁控制的锁止装置控制，因此，只有施加脚制动并按下换挡杆侧面按钮，才能将换挡杆移出挡位 P，以保证安全需要。许多汽车还装有联锁装置，只有换挡杆被挂入挡位 P，才能将车钥匙拔出。

停车挡位 P 不可完全代替手制动，长时间停车或坡路停车，必须使用手制动，否则，自动变速箱锁止机构易造成损坏。

2) R（REVERSE）——倒车挡

只有在车辆完全停稳后，方可挂入或退出挡位 R，否则会造成自动变速箱的早期磨损。

3) N（Neutral）——空挡

如果需要推动或牵引车辆，则必须选用挡位 N，在牵引车辆时，牵引速度不应大于 50 km/h，牵引距离不应大于 50 km，否则，会损坏自动变速箱的行星齿轮机构。

在车辆静止，点火开关接通的情况下，必须踏下制动踏板并按下换挡杆侧面按钮方可移出挡位 N。在车辆行驶过程中，车速 >5 km/h，只需按下换挡杆侧面按钮，即可移出或换入挡位 N。

4) D（DRIVE）——行驶挡

只有踏下制动踏板并按下换挡杆侧面的按钮，方可将变速杆从挡位 P 或 N 移出，换入行驶挡位。挡位 D 是最常用的挡位，在挡位 D，自动变速箱首先选择一挡使车辆起步，然后根据油门开度和车速等信号，在适当时刻逐渐升至一挡、三挡直至四挡。同样，车辆减速时，自动变速箱也会自动地从相应的挡位降挡。

5) 3——坡度挡

如选择挡位 3，则行驶中只允许变速箱最高升至三挡，如遇坡路可选用此挡，此时自动变速箱将在 1、2、3 三个挡位中自动实现换挡。在下坡路段时，若选用此挡，可以利用发动机的制动效果来降低车速，保证行驶安全。

6) 2——长坡挡

如选择挡位 2，则行驶中只允许变速箱最高升至二挡，沿多弯道长坡路段行驶时，这个挡位非常有用，否则，自动变速箱可能会频繁地更换挡位。在下坡时选用此挡，可以利用发动机制动。

7) 1——陡坡挡

选用挡位1，车辆则始终以一挡行驶，变速箱不会升入其他挡位，从而可最大限度地发挥发动机的制动力，因此，在下陡坡时，可以选用此挡。挡位1只能在车速低于30 km/h时，方可选取。

8) 强制低挡开关

自动变速箱设有强制低挡开关，急加速必须把油门踩到底，才能使强制低挡开关接合，实现急加速。此时，根据路面状况和发动机转速，自动变速箱会降一个挡位以适应急加速的需要，或者发动机在达到较高转速前不升挡。

> **注意**
>
> 在发动机处于急速运转状态时，若选挡杆仍处于可行驶挡位上，则发动机向驱动轮输出的动力并未中断，因此，一定要施加脚制动，以防止车辆行驶。
> 当自动变速箱电子控制系统出现故障时，自动变速箱处于应急工况，此时，自动变速箱只有R、3、1三个挡位，这时必须马上去特约服务站进行维修，不可耽搁，否则，会造成较大的损失。

（2）省油方法

①提前升挡。
②定期清洗发动机节气门、喷油嘴。大部分旧自动挡车费油的主要原因是发动机节气门过脏。

（3）使用技巧

1) 平稳驾驶

自动挡汽车不要刻意强调提速快慢，因为自动变速箱是为舒适而设计的，正常行驶时，只需将油门踏板踏下三分之一左右，变速箱计算机会根据车速和发动机负荷信号来控制变速箱升降挡。如需超车，快速把油门踏到底，变速箱会强制降低1~2个挡位来增大扭矩，超车后迅速松开油门恢复正常行驶，强制降挡不要超过5 s，强制降挡会对自动变速箱造成严重冲击，如无特殊需要，应尽量避免。

2) 提前升挡

自动挡汽车驾驶时如果跳挡晚，不要猛踩油门，这样只会得到相反的效果。因为自动变速箱跳挡时间是根据车速信号和发动机负荷信号由计算机做出判断，发动机负荷信号取决于油门的大小；正常情况下，相同的车速油门越大跳挡越晚，油门越小跳挡越早，所以当车速快要到升挡点时可以松一下油门，变速箱就会提前升高挡，这样可以达到节油的效果。

3）正确操作

起步时踩紧刹车，把挡杆放入行车挡，等 0.5 s 后，感到车身轻微震动一下，才能起步；如果没有等 0.5 s 或没有感到震动，就松开刹车踩油门这样会造成自动变速箱内部冲击，导致磨损过快。如果平地上，松开刹车，车辆没有爬行这就说明变速箱或刹车系统有问题了。车未停稳时，不要挂入相反挡和 P 挡，这会对自动变速箱造成严重损坏。

4）注意保养

经常清理发动机散热器的散热片，保持正常水温，定期清洗发动机节气门和喷油器，这样可以省油和获得良好的换挡感觉，变速箱油不需经常更换，换油周期一般都在 4~6 万千米，更换时一定要使用厂家规定级别的油品，不能少加或多加，千万不要使用劣质自动变速箱油，劣质油品抗氧化和润滑能力不强，变速箱使用很短时间就会严重磨损和结胶，轻者大修，重者变速箱报废。

2. 正确操作

使用自动变速器不需要通过松踩离合器及油门来配合挡位的更换，也不需要掌握换挡时机、油门离合器配合等车技，可这并不意味着在驾驶中只需一脚油门一脚刹车就可以开好配备自动变速器的汽车。

（1）发动机起动

配备自动变速器的汽车起动时与配备手动变速器的车辆有所不同：手动变速器的车辆起动时即使换挡手柄不在空挡位置，只需踩下离合器踏板，也可安全、顺利地起动发动机；但配备自动变速器的车辆就不同，起动发动机时若换挡手柄不在 N（空挡）或 P（驻车挡），空挡起动开关的保护作用就是切断发动机起动电路，发动机起动马达得不到驱动电源，因而无法运转。一些新手经常在车辆熄火后，马上用钥匙拧转点火开关但却无法起动车辆，束手无策之下，只得求助于维修中心，当维修人员到达现场后却发现故障原因是换挡手柄没有移入 N 或 P 挡这么简单。

现在大多数汽车已经采用了 EFI 电子燃油喷射系统，起动时发动机 ECU 会自动根据汽车起动时的发动机水温、进气温度、起动等信号自动延长起动时的喷油时间，增加混合气体的浓度，故而无须像配置化油器的发动机起动时一样深踩油门踏板。

(2) 车辆起步

正确起动发动机，即可挂挡行驶。有些手册要求驾驶员在车辆起步前须热车几分钟，其实在气候不是很寒冷的情况下无须停在原地待热，只须注意不可在发动机没有热车的状态下猛加油，避免因冷车时汽油的挥发性能弱，燃油黏附在缸壁等零件上，稀释发动机机油及零件间的油膜等原因，增加发动机的非正常磨损。

起步时需踩制动踏板，把挡杆移入所需的挡位，然后松开制动踏板和手刹，缓和地踩下油门踏板，即可起步。在此需注意的几点是：手刹须已松开或已完全松开，否则由于手刹处于制动或半制动状态，刹车盘或鼓过热会使刹车油过热沸腾而产生气阻，导致刹车失效或制动衰减而酿成行车危险；踩油门要及时，不可先踩油门后挂挡或者边挂挡边踩油门，这些不正当的动作都会使自动变速器遭受意外的损害而缩短使用寿命。

(3) 普通道路行驶

行驶于城市、高速及其他平坦道路时，自动变速器的换挡手柄应挂在"D"位，且O/D超速挡开关处于ON。这样自动变速器就能根据车辆的行驶速度、节气门开度(节气门开度与油门踏板踩下的深度成正比)、行驶阻力、车辆负荷等因素自动选择挡位的高低，使自动变速器在一挡、二挡、三挡和四挡之间自动升降，自动选择与车辆行驶速度最相匹配的挡位。这时驾驶者还可根据自己的驾驶风格选择挡位模式开关的位置，如Power模式可获得较佳的动力性。

自动变速器的车要想获得较佳的燃油经济性，应特别注意如下几点：普通驾驶状态下，挡位模式开关应位于Economy(经济模式)或Normal(标准普通模式)；行驶过程中不可猛烈加油门，应平缓地踩下油门，尽量使油门踏板保持在1/2开度的范围内；采用"提前升挡"的操作方法，即车辆起步后，先以较大油门将车辆加速到一挡升二挡的换挡点范围20~30 km/h后，快速将油门松开持续2 s左右，这时由于自动变速器限制升挡的节气门油压信号或是电压信号减小，使自动变速器比一般自动升挡点提早，当感受到升挡后，即可再踏下油门踏板继续加速前进。二挡升三挡也可用此法，这样可以提高发动机的负荷率，使发动机的转速降低，在一定的程度上节约了燃油的消耗，还有利于减小发动机的磨损，降低行驶中令人烦躁的噪声，使驾乘更加舒适。大部分车主都反映自动变速器比手动变速器加速慢，动力较弱，其实这是由于自动变速器在动力液压传导过程中损失了一部分能量所致。除了应将模式开关置于Power外，还可采用"强制升挡"的操作方法，即在行驶中首先把油门踏板迅速踩到全开位置，此时由于节气门油压或给自动变速器控制计算机的信号增大，使自动变速器强迫降低一个挡位，获得猛烈的加速效果。但当加速的目的达到后，应立即松开油门踏板，防止发动机长时间高转速工作。

(4) 坡道行驶

在一般的坡道行驶时，只须将挡杆置于D位，运用油门或制动踏板来控制上下坡的车速即可。现在关于自动变速器在坡道行驶时使用D位是否正确的问题争执颇多，有的专家认为应当置于

3挡位或者2挡位。

　　根据自动变速器的运动特性及大量资料，大家认为坡道行驶时的杠杆位置取决于坡道的地理特征。以一台4个前进挡的自动变速器为例：第4挡通常是超速挡，如果在坡道行驶，阻力大于驱动力，车速下降到一定大小时变速箱会从超速挡自动降到第3挡；而如果车辆处于坡间平路或下坡时，驱动力大于阻力，车辆又会回到超速挡。这种情况下，如果坡道很长，极易形成"循环跳挡"，加剧自动变速器内离合器、制动器摩擦片的磨损。此时只要关闭O/D开关，限制超速挡的使用，汽车就可稳定地在第3挡上坡，而不会形成"循环跳挡"。假如坡道再陡，自动变速器在三挡和二挡之间形成"循环跳挡"，则应把挡杆置于2挡位，即可使自动变速器在二挡稳定地上坡。绝大部分自动变速箱都有L挡，是变速比最大的挡位，可用于慢速长时间下比较陡的山坡。

　　如果是一般的坡道，应完全松开油门踏板，换挡手柄可置于D位，间断用脚制动控制车速即可。但若坡度太大，须经常使用脚制动来控制车速的话，会由于过于频繁制动而导致刹车系统过热，刹车灵敏度下降或失灵，所以这时必须将挡杆移入2挡位或L位，利用发动机制动来控制车辆的下坡速度，减轻刹车系统的负担。但采用发动机制动时须注意不可在车速较高时移入2挡位或S、L位，否则会导致自动变速器内的摩擦片因急剧摩擦而受到损坏。

　　行驶在轮胎附着力很低的路面时，轮胎与地面间的摩擦力很小，驱动力易突破附着摩擦极限，使驱动轮出现打滑现象，自动变速器将误认为车辆在高速行驶而提前升挡，进一步加剧打滑而使车辆有可能发生旋转、侧倾等惊险动作。此时应把换挡手柄移入S、L位，限定自动变速器的最高挡位，利用油门踏板的开启度来控制车速，避免打滑现象的出现。

（5）临时停车

　　等待红绿灯、交通堵塞、等候客人等，都需要临时停车。许多驾驶员习惯每次把换挡手柄移入N挡，其实这种习惯并不正确，因为每次移入N挡再移入D挡前进时，自动变速器内的各工作组件都会重新组合，有组合就有冲击，天长日久必会使各零件提前达到磨损极限，所以应根据临时停车时间的长短来决定换挡手柄的位置。

　　若停车时间较短，挡杆可以保持在D挡位，只用脚踏下刹车踏板，如此只需一抬脚车辆即可实现重新起步；若时间稍长也可让挡杆保持在D位，但须注意不可跟车太近，并最好同时采用脚制动和手制动，以免与前车亲密接触；但若长时间等待，则必须把挡杆移入N位并采用手制动，以减轻驾驶劳累强度和防止ATF自动变速器油过热而影响油质。

　　有的驾驶员下车临时办事时，往往把挡杆停在N位，甚至没有采取制动，这样做是非常危险的，因为有时车内还有小孩等不可确定因素。小孩可能模仿驾驶员动作扳动挡杆使汽车前进滑移（自动变速器在N挡时，无须踩制动就可以移入D驱动挡）而发生意外，所以在此状态下必须把挡杆移入P(停车挡)位，并拉紧手刹。

任务四 自动变速器的拆装与常见故障维修

一、自动变速器的拆装

1. 从车上放下变速器

①放净 ATF。
②拆下传动轴（或半轴），在变速器输出轴上套护套，如图 4-26 所示，以防 ATF 从后端漏出。
③用举升架托住变速器，拆去变速器托架，如图 4-27 所示。

图 4-26　安装护套

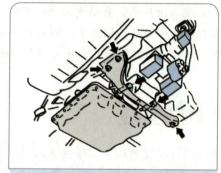

图 4-27　拆去变速器托架

④拆去变速器上所有与发动机及车体相连的杆件，如：换挡拉杆、ATF 加注管、冷却油管（通冷凝器），拔去限制器开关、脉冲发生器、速度传感器及各种电磁阀的接插件。
⑤必要时需拆去排气管和其他有碍机件和管道。
⑥拆去液力变矩器壳（飞轮壳）与发动机体的连接螺栓。
⑦适量降下举升架，沿轴向将变速器整体与发动机分离，并放置于举升架上。
将变速器从发动机上取下是一项相当艰巨的工作，往往会遇到作业空间（扳手空间和操作空间）很小，并受到汽车底板和其他构件阻碍等困难。建议在作业时考虑以下措施：
●用举升架略托起变速器，拆去发动机后支承架，松开发动机与车体的硬连接（杆、管等），缓缓降下举升架，使变速器与发动机一起向后下垂，以增大与汽车底板距离，扩大作业空间。
●如该车同时需拆检发动机，建议将发动机与变速器一并吊下，然后再将两者分离。
●轴向取下变速器时可以在施加轴向拉力的同时将变速器绕轴线来回转动，但决不可上下或左右摆动变速器，这样会损伤油封、输入轴花键和变矩器的单向离合器，如图 4-28 所示。
⑧拆去液力变矩器与曲轴凸缘的连接螺栓，取下变矩器和起动齿轮。

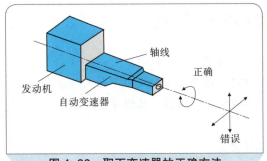

图 4-28　取下变速器的正确方法

2. 变速器的解体

（1）变速器解体的一般原则

①先外后内：先拆去变速器壳体外部的机件和线缆，如各种支架、托板、传感器及其接插件等，再解体内部。

②先两头后中间：先从前壳体开始，再到后壳体，最后解中体。

③先电液后机械：先拆去电（电子）、液力元件（液力管道、阀体等），再进行机械元件的解体。

④先部件后零件：先将部件（如阀体总成、各离合器、制动器总成、油泵总成等）整体取出，然后视需要逐一解体成零件。

（2）变速器解体应注意的事项

自动变速器是一个结构复杂、精度及工艺要求极高的液力机械，外壳及阀体由铝合金铸成（阀体为精密铸造），内部机件的配合要求十分严格，因此对自动变速器进行解体（及装合）时应十分细心，并严格遵循操作规程。

①为保证密封和正常的工作压力，解体过程中涉及的密封件（油封、密封件、O形密封圈等）一般都应更新，为保证新件有良好的密封基础，拆装时应尽量不要伤及密封座（面），严禁用硬质利器剥、刮密封基面（槽）。

②分离前后壳体、油泵、上下阀体等时，严禁用螺丝刀等硬器撬接合面，严禁用利器在配合零件上凿印装记号，严禁用硬器通活塞，严禁用手钳、金属夹钳、螺丝刀等取阀芯和阀套。

③在对不熟悉的自动变速器进行解体时，应作好记录，特别要注意下列几点：

● 离合器、制动器及其他运转元件间的塑料或钢质止推垫的位置和方向。

● 推（平面）滚针轴承及其挡圈的位置和方向。

● 单向离合器的安装方向。

● 各压紧件和作用弹簧不要互相混淆（应与配合件放置在一起）。

● 分离阀体时，要十分注意不要让其内的卡环、减震球和阀珠及其弹簧掉出，取出球珠卡环等零件时应记下它们的安装位置。

● 对于新结构及陌生构件，在解体前应先记下其原始装配状态和关系。

(3)解体实例

下面介绍典型自动变速器的分解过程。
①将变速器按解体的一般原则分解成以下七大部分,如图4-29所示。
- 壳外零件组:各支架、传感器、线缆等。
- 液力变矩器。
- 前壳体(变矩器壳)。
- 后壳体。
- 油底壳。
- 阀体。
- 中体。

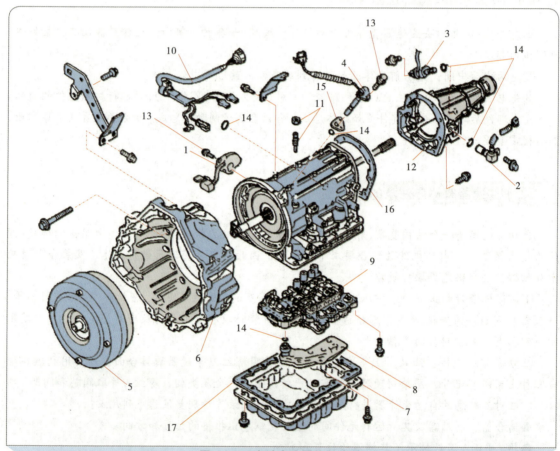

图4-29 自动变速器的总分解

1—限制器开关;2,3—速度传感器;4—脉冲发生器;5—变矩器;6—变矩器壳;7—油底壳;8—滤油器;9—阀体;10—电磁阀线束;11—定位螺栓及螺帽;12—延伸体;13—螺栓;14—O形圈;15—衬块;16—衬片;17—衬垫

② 将中体各组件（如油泵1、输入轴、制动带、离合器、制动器、行星齿轮机构、输出轴、驻车齿轮等），依次尽量以组合状态取出，如图4-30所示。

③ 将低、倒挡制动器（在某些型号变速器中为第三制动器）以零件形式取出，并取出制动促动器和各储能减振器，如图4-31所示。

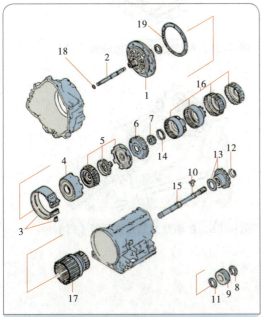

图4-30 自动变速器中体组件分解（一）

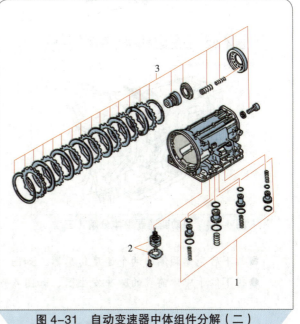

图4-31 自动变速器中体组件分解（二）

1—油泵；2—输入轴；3—倒挡离合器；5—高挡离合器及前太阳轮；6—前行星架；7—后太阳齿轮；8—开口环；9—车速表主动齿轮；10—键；11、12—开口环；13—驻车齿轮及轴承；14—开口环；15—输出轴；16—前齿圈、后齿圈、前离合器毂、超速离合器毂；17—前离合器毂；18—O形圈；19—衬片

1—储能减振器；2—制动动带伺服元件；3—低、倒挡制动器

④ 整体分解步骤如下。

● 以前后壳体为支承，将变速器以工作位置平放于工作台上，如图4-32所示（不要将油底壳朝上，以免污染机件）。

● 取下油底壳及垫，检查残油中残余物并清洁油底壳后重新装上，如图4-33所示（如解体前已进行过油质检查，本步骤可省去）。

● 拆去中体上的接插件支架和限制器开关，如图4-34所示。

● 从前体上的接插件支架上取下线缆并拆去支架，如图4-35所示。

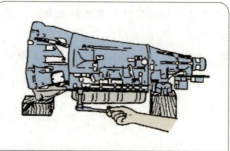

图 4-32　自动变速器整体分解（一）

图 4-33　自动变速器整体分解（二）

图 4-34　自动变速器整体分解（三）

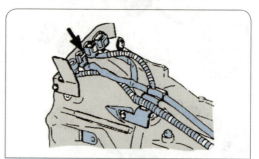

图 4-35　自动变速器整体分解（四）

- 拆下后壳体两侧的两个速度传感器，如图 4-36 所示。
- 拆下位于中体前端的脉冲发生器，如图 4-37 所示。

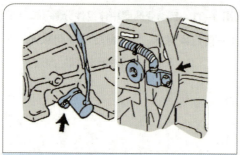

图 4-36　自动变速器整体分解（五）

图 4-37　自动变速器整体分解（六）

- 取下液力变矩器（本步骤也可先行），如图 4-38 所示。
- 准备好变速器翻身架（或工作台），如图 4-39 所示。

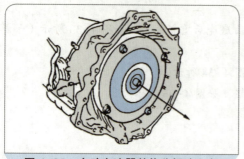

图 4-38　自动变速器整体分解（七）

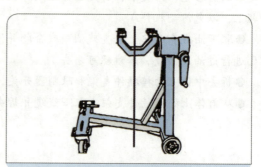

图 4-39　自动变速器整体分解（八）

- 将变速器安于翻身架（或工作台）上，油底壳向上，拆去油底壳，如图 4-40 所示。
- 拆下连接螺栓，取下后壳体和垫片；油底壳向上，拆去油底壳，如图 4-41 所示。

图 4-40　自动变速器整体分解（九）

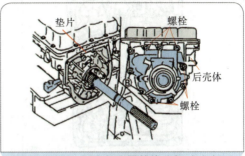

图 4-41　自动变速器整体分解（十）

- 取下卡扣，拆下锁止电磁阀接插头，如图 4-42 所示。
- 拆去 ATF 温度传感器，如图 4-43 所示。

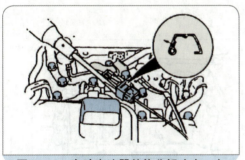

图 4-42　自动变速器整体分解（十一）

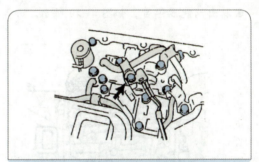

图 4-43　自动变速器整体分解（十二）

- 拆下 ATF 滤网，如图 4-44 所示。
- 从线束扣中分离出电磁阀线缆，如图 4-45 所示。

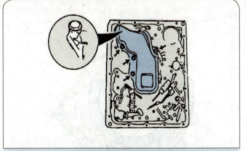

图 4-44　自动变速器整体分解（十三）

图 4-45　自动变速器整体分解（十四）

- 拆下螺栓 A 和 B 以及支架，如图 4-46 所示。
- 取下卡扣，拆下电磁阀接插头，如图 4-47 所示。

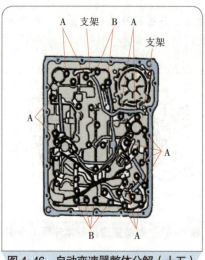
图4-46 自动变速器整体分解（十五）

图4-47 自动变速器整体分解（十六）

● 取出阀体，如图4-48所示。
● 取出储能器弹簧，如图4-49所示。

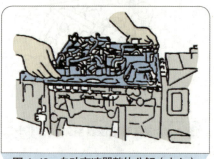
图4-48 自动变速器整体分解（十七）

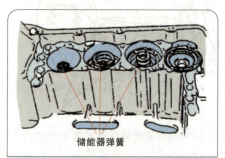
图4-49 自动变速器整体分解（十八）

● 从中体上取下电磁阀接插头，如图4-50所示。
● 拆下连接螺栓，拆下前壳体，如图4-51所示。

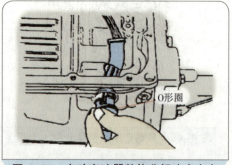
图4-50 自动变速器整体分解（十九）

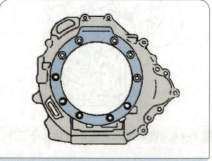
图4-51 自动变速器整体分解（二十）

● 取下输入轴上的O形密封圈，如图4-52所示。
● 用专用工具拆下油泵，如图4-53所示。

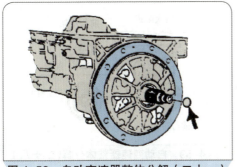

图4-52 自动变速器整体分解（二十一）

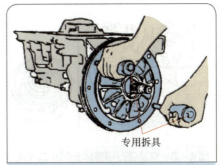

图4-53 自动变速器整体分解（二十二）

- 清除油泵上的密封胶，如图4-54所示。
- 取下油泵垫衬，托住倒挡离合器毂并拉出输入轴，如图4-55所示。

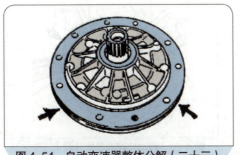

图4-54 自动变速器整体分解（二十三）

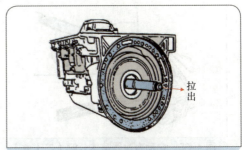

图4-55 自动变速器整体分解（二十四）

- 松开锁紧螺母，取下定位螺栓，清除螺纹内密封胶，如图4-56所示。
- 取出制动带和支承块，如图4-57所示。

图4-56 自动变速器整体分解（二十五）

图4-57 自动变速器整体分解（二十六）

- 整体取出倒挡离合器、高挡离合器和前太阳齿总成，如图4-58所示。
- 取出前行星架、前后轴承以及后太阳齿，同时检查各齿轮及轴承有无损伤，行星轮及前轴承转动是否灵活，如图4-59所示。

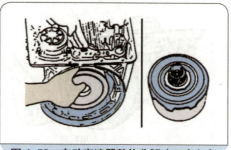 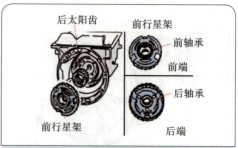

图4-58 自动变速器整体分解（二十七） 　　图4-59 自动变速器整体分解（二十八）

- 取下后卡环和车速表驱动齿，再取下定位键以及前卡环，如图4-60所示。
- 取下驻车齿挡环和驻车齿，如图4-61所示。

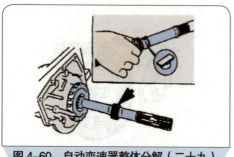 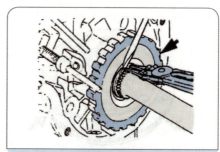

图4-60 自动变速器整体分解（二十九） 　　图4-61 自动变速器整体分解（三十）

- 取出中体后端轴承并检查，如图4-62所示。
- 从中体前方取下输出轴前端卡环，如图4-63所示。

 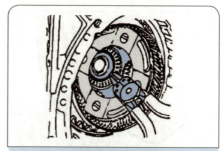

图4-62 自动变速器整体分解（三十一） 　　图4-63 自动变速器整体分解（三十二）

- 从中体后端拔出输出轴，如图4-64所示。
- 从中体前端取出前行星齿轮机构内齿圈（后齿轮架），如图4-65所示。
- 取出后行星齿轮机构内齿圈、前进离合器毂及超速离合器毂总成，如图4-66所示。
- 取出前进离合器鼓（前进离合器、超速离合器和低挡单向离合器）总成，如图4-67所示。

图4-64　自动变速器整体分解（三十三）　　　图4-65　自动变速器整体分解（三十四）

 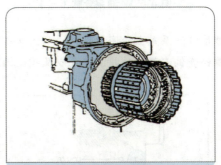

图4-66　自动变速器整体分解（三十五）　　　图4-67　自动变速器整体分解（三十六）

至此，整个自动变速器整体分解已告完成，下一步则根据所需可进一步分解各个组件。下面以油泵、盘式离合器、带式制动器为例介绍分解组件的一般步骤。

⑤油泵的分解。

齿轮油泵以变量叶片泵为例的分解比较简单，只需卸下7颗连接螺栓，将泵盖与泵体分离，便可取出内外齿轮。

● 按所标顺序拧松泵盖与泵体的连接螺栓，取下螺栓，分离泵盖和泵体，如图4-68所示。
● 在转子和偏心环上作好记号（以便安装时对位）后取了转子和叶片，如图4-69所示。

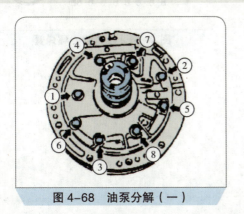 

图4-68　油泵分解（一）　　　图4-69　油泵分解（二）

● 用软布条将螺丝刀头部包好，稳住偏心环并取下支承销，如图4-70所示。
● 取出偏心环和弹簧（小心别让弹簧跳出），如图4-71所示。

图 4-70 油泵分解（三）

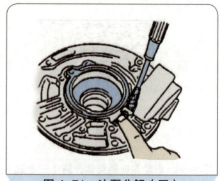
图 4-71 油泵分解（四）

● 检查油泵盖上的密封环槽，如图 4-72 所示。
● 检查偏心环、叶片、转子以及控制活塞，如图 4-73 所示。

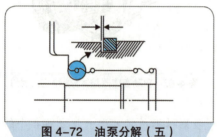
图 4-72 油泵分解（五）

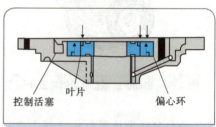
图 4-73 油泵分解（六）

● 检查偏心环弹簧，如表 4-1 和图 4-74 所示。

表 4-1 偏心环弹簧的检查

外径 D/mm	自由长度 L/mm	圈数 n	线径 d/mm
13.7	39.8	7.8	2.3

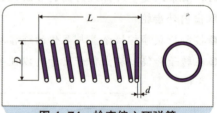
图 4-74 检查偏心环弹簧

⑥ 倒挡离合器的分解。

盘式离合器和制动器分解的一般步骤如下：
● 分解前检查其整体工作间隙。
● 取出卡环。
● 依次取出护板、摩擦片、钢片和碟片。
● 用专用工具压下弹簧座，取出卡环。
● 取下弹簧和座。
● 用压缩空气吹出活塞。

自动变速器倒挡离合器分解顺序如图 4-75 所示。
图 4-76 所示为利用专用工具取出弹簧座卡环。图 4-77 所示为利用压缩空气吹出鼓活塞腔里的活塞。
离合器（制动器）分解后应对摩擦片、活塞及弹簧进行检测。

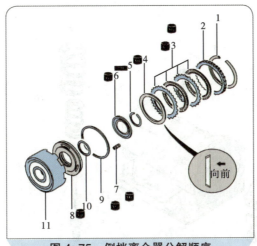

图 4-75 倒挡离合器分解顺序

1—开口环；2—调整压板；3—主、从动片；4—碟形片；5—开口环；
6—弹簧压盘；7—回位弹簧；8—活塞；9—活塞外密封圈；
10—活塞内密封圈；11—离合器毂

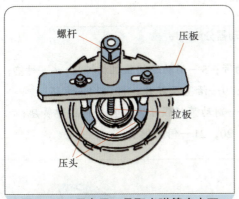

图 4-76 用专用工具取出弹簧座卡环

图 4-77 用压缩空气吹出鼓活塞腔里的活塞

⑦带式制动器的分解。

带式制动器是由制动促动器推动带抱紧离合鼓而实施(对离合鼓—钢片)制动的。其分解顺序如图4-78所示。

图4-79所示为用塑料(或木)锤敲击法取出活塞及座，图4-80所示为用压缩空气吹出超速挡活塞。

带式制动器分解后对制动带、活塞及弹簧等进行检测。

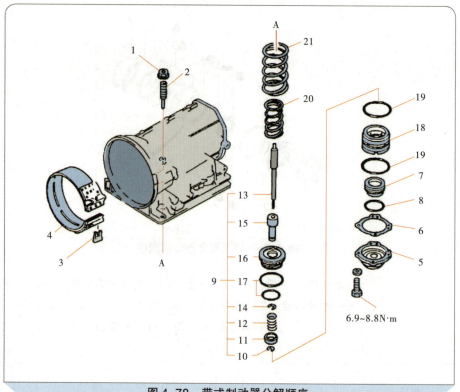

图 4-78 带式制动器分解顺序

1—锁帽；2—定位螺栓；3—制动带支销；4—制动带；5—制动速伺服机构托座；6—衬垫；7—O/D 挡制动促动活塞；8，17—D 形圈；9—活塞及托座；10，14—卡环；11—弹簧座；12—回位弹簧；13—活塞杆；15—制动带伺服活塞；16—伺服弹簧座；18—活塞座；19—O 形圈；20，21—伺服弹簧

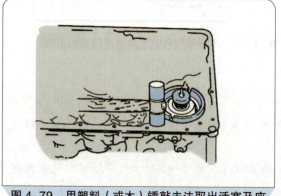

图 4-79 用塑料（或木）锤敲击法取出活塞及座

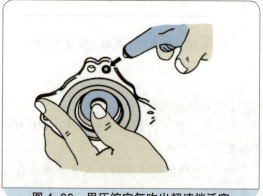

图 4-80 用压缩空气吹出超速挡活塞

二、自动变速器常见故障

1. 油温过高

油温过高表现为机器工作时油温表超过 120 ℃或用手触摸感觉烫手，主要有以下几种原因：
①变速器油位过低。
②冷却系中水位过低。
③油管及冷却器堵塞或太脏。
④变矩器在低效率范围内工作时间太长。
⑤工作轮的紧固螺钉松动。
⑥轴承配合松旷或损坏。
⑦综合式液力变矩器因自由轮卡死而闭锁。
⑧导轮装配时自由轮机构化机构缺少零件。
液力变矩器油温过高故障的诊断和排除方法如下：
①出现油温过高时，首先应立即停车，让发动机怠速运转，查看冷却系统有无泄漏，水箱是否加满水；若冷却系正常，则应检查变速器油位是否位于油尺两标记之间。若油位太低，应补充同一牌号的油液；若油位太高，则必须排油至适当油位。如果油位符合要求，应调整机器，使变矩器在高效区范围内工作，尽量避免在低效区长时间工作。
②如果调整机器工作状况后油温仍过高，应检查油管和冷却器的温度，若用手触摸时温度低，说明泄油管或冷却器堵塞或太脏，应将泄油管拆下，检查是否有沉积物堵塞，若有沉积物应予以清除，再装上接头和密封泄油管；若触摸冷却器时感到温度很高，应从变矩器壳体内放出少量油液进行检查。若油液内有金属末，说明轴承松旷或损坏，导致工作轮磨损，应对其进行分解，更换轴承，并检查泵轮与泵轮毂紧固螺栓是否松动，若松动应予以紧固。
以上检查项目均正常，但油温仍高时，应检查导轮工作是否正常。将发动机油门全开，使液力变矩器处于零速工况，待液力变矩器出口油温上升到一定值后，再将液力变矩器换入液力耦合器工况，来观察油温下降的程度。若油温下降速度很慢，则可能是由于自由轮卡死而使导轮闭锁，应拆解液力变矩器进行检查。

2. 油压过低

当发动机油门全开时，变矩器进口油压仍小于标准值。其主要由以下几种原因引起：
①供油量少，油位低于吸油口平面。
②油管泄漏或堵塞。
③流到变速器的油过多。
④进油管或滤油网堵塞。
⑤液压泵磨损严重或损坏。
⑥吸油滤网安装不当。
⑦油液起泡沫。
⑧进出口压力阀不能关闭或弹簧刚度减小。

如果出现供油压力过低，应首先检查油位：若油位低于最低刻度，应补充油液；若油位正常，应检查进、出油管有无泄漏，若有漏油，应予以排除。若进、出管密封良好，应检查进、出口压力阀的工作情况，若进、出口压力阀不能关闭，应将其拆下，检查其上零件有无裂纹或伤痕，油路和油孔是否畅通，以及弹簧刚度是否变小，发现问题应及时解决。如果压力阀正常，应拆下油管或滤网进行检查。如有堵塞，应进行清洗并清除沉积物；如油管畅通，则需检查液压泵，必要时更换液压泵。如果液压泵起泡沫，应检查回油管的安装情况，如回油管的油位低于油池的油位，应重新安装回油管。

3. 汽车不能行驶

无论将换挡杆位于倒挡还是前进挡，汽车都不能行驶；或者冷车起动后汽车能行驶一小段路程，但热车状态下汽车不能行驶。

故障主要由以下几个方面引起：
①自动变速箱漏油严重，缺油。
②换挡杆和手动阀摇臂之间的连杆或拉索松脱，手动阀保持在空挡或停车挡位置。
③进油滤网堵塞。
④主油路严重泄漏。
⑤油泵损坏。

4. 起步或行驶冲击过大

在起步或行驶中，汽车加速时有明显的冲击感。

故障主要由以下几个方面引起：
①发动机怠速过高。
②节气门拉索或节气门位置传感器调整不当，使主油路油压过高。
③主油路调压阀有故障，使主油路油压过高。
④换挡执行元件打滑。
⑤油压电磁阀不工作。
⑥计算机有故障。

5. 入挡迟顿、入挡熄火、入挡冲击

测试入挡的标准是起动引擎、怠速、踩住刹车、入挡，正常的情况是 1~1.2 s 的时间内有入挡的感觉，放开刹车踏板在不踩油门踏板的情况下车辆会慢慢起步并逐步提高到 10~20 km/h 的车速，这是一部正常的入挡标准，如果入挡后超过 2 s 即定位为入挡延迟，这种情况需要立即检修；如果入挡时有强烈的冲击感觉即定位为入挡冲击。

任何自动变速箱入挡都有一定程度的冲击感觉，如果丝毫的感觉都没有，反而说明内部有

故障，但这个冲击比较大是不能够接受的，引发这个问题的原因很复杂，包括除变速箱以外的很多方面；入挡熄火的情况是入挡时引擎会熄火，这种问题在冷车时比较明显，引发这个问题有变速箱的问题也有其他车身系统的问题。

6. 车辆加速无力

车辆加速无力包括没有高速，即无论如何行驶，车辆都不能达到 100 km/h 的高速段。提速很慢，即油门踩很重但车辆还是慢慢提速，反应很差、缺乏酣畅的感觉，这种情况包括引擎提速很慢，即发动机的转速上不来和转速上得很快但车速不快两种情况。所以这是个相对复杂的问题，正常的测试标准是车辆起步、适当踩加速踏板，引擎转速平稳提升，车辆加速，一般在 2 500 转左右，车速为 25~30 km/h，自动变速箱进入第一换挡，引擎的转速在适当回落后逐步回升，同时车速明显加快，在 40 km/h 时二次换挡，变速箱在进入三挡后，车速会进一步加快，在 60 km/h 的速段上会进入变速箱的高挡位，整个过程引擎在升挡的过程中会适当回落后再次提起，无空转、无打滑现象。一般引擎排量在 2.0 L 左右的车辆平稳行驶的情况下，引擎为 2 500~3 000 转时车速可以达到 100 km/h 的速度，如需要进一步提升车速，引擎转速需要同步增加。如果引擎加油很闷、不顺畅一般说明引擎需要检修，如果引擎加速有力则说明变速箱内部挡位不对、离合器烧毁、变钮器出现机械故障等。

7. 引擎空转

引擎空转一般发生在两种情况下，其一是车辆在平稳中突然出现引擎空转的现象，当车速慢下来又恢复正常，这种情况一般说明变速箱在短的时间内突然从高挡位降为低挡位，故障有可能出在控制系统或者散热系统上，变速箱本身没有问题。其二是在加速的过程中或者在换挡的过程中出现短暂的打滑空转现象，直观的感觉是后者没有前者那么厉害，实际上恰恰相反，后者的问题多半出在变速箱内的离合器等相关的环节上。

8. 行驶中引擎转速高

行驶中引擎转速高包括平稳行驶中的一直转速高和提速过程中转速过高两种情况。平稳过程中转速高，比较容易测试，比如一部引擎排量为 2.0 L 的车辆平时在 2 600 转时车速即可达到 100 km/h，如果一段时间经常需要 3 000 转或更多方可达到 100 km/h，则说明有故障，一般这种故障是由变速箱高速挡失效或者变钮器内部锁止离合器失效引起的，需要立即检修变速箱。提速过程中转速过高，故障测试有点复杂，因为在提速过程中，引擎转速的上升同加速踏板有着密切的关联，如一部正常的帕萨特在小油门的情况下引擎一般提速到 2 500 转即可把车辆加速起来，但在全油门的情况下引擎会提升到 5 500~6 000 转，如此巨大的反差是由于变速箱的电子控制系统的模糊逻辑来控制完成的。

9. 变速箱有异常响声

变速箱有异常响声在维修行业称为异响，一般来说自动变速箱由于广泛采有行星齿轮机构，异响要比手动挡变速箱少得多，常见的异响有以下几种：

课题四 自动变速器的构造与维修

①轴承异响,一般轴承的异响同转速关系密切,转速越高越有尖叫声。

②差速器或者主传动齿轮异响,这种异响一般出现在车速为 50~70 km/h 比较明显,因为齿轮的啮合面不同,一般在加油的时候响声明显,松开油门时响声明显减弱。

③油泵等液压系统异响,这种响声同转速关系密切但同车速没有关系,在转速高时因为油泵吸油受阻从而引起尖叫。

三、自动变速器常见故障实例

1. 案例一

(1) 故障现象

一辆凯迪拉克轿车行驶速度为 40 km/h,再加油只是发动机转速上升而车速不提升。

(2) 故障分析与维修

该车到修理厂报修时只有 40 km/h 的速度,再加油车速不但不上升,反而下降,于是着手对此车进行了路试,发现故障确实如驾驶员所述,当车速达到 46 km/h 时,发动机就空转,跑了一圈返回修理厂,检查油面为正常,油的颜色已经变黑,且有焦糊味,这说明变速器内部摩擦片已经烧坏。把变速器从车上拆下来进行解体,发现前进挡离合器片烧坏,且摩擦片与钢片已烧接在一起。

只更换了损坏的部件,把散热器和散热器油管洗净,问题就迎刃而解了。把离合器片、活塞,所有密封圈全部更换,故障排除。为了不让该变速器再次发生烧损的现象。使用红外线测温仪测量一次散热器表面温度,发现温度为 117 ℃,属于正常(测量方法:只要把测温仪对准散热器测量读出数值即可)。

(3) 故障总结

对于烧损的故障,修好以后,为防止故障再次发生一定要测一下变速器的温度,而红外线测温仪是最简单、最方便的仪器。

2. 案例二

(1) 故障现象

一辆帕萨特B4采用01M变速器,因摩擦片烧坏而大修,大修完毕后就出现挂挡后熄火的故障。

（2）故障分析与维修

帕萨特 B4，对变速器进行基本检查后，发现油液已变黑，且有焦煳味。这说明变速器里面离合器片已烧坏。把变速器从车上拆下来解体，发现二挡制动器和一至三挡离合器已烧坏，且钢片已烧得变成了碟形。把离合器片、钢片全部更换后，车辆升降挡非常正常，可是到第二天要接车时却发现了挂挡熄火的现象。根据故障现象，查阅维修手册发现这是由阀板里有一个锁止离合器控制阀（TCC）发卡造成的，按资料上显示的 TCC 阀的位置，把它拆下来，用 1 200 号砂纸打磨一下，装上去，故障排除。

可是车只行驶了三天，车主打电话说该车又出现挂挡熄火的故障。这次与上次故障不太一样，它不是每次挂挡都熄火，而是时而熄火，时而不熄火。再次清洗 TCC 阀，当拆下油底壳时发现油底壳里面有很多摩擦片碎屑，颜色发黑，但油颜色正常，经过观察发现摩擦片又烧坏了，于是将变速器再次拆下解体，发现里面的摩擦片完好无损，而且摩擦片上面的字母清晰可见，这说明摩擦片没有任何问题，心想是不是什么地方没有清洗干净留下的。于是再次将变速器装好抬到车上并再次清洗阀体，将油底壳擦干净。试车，故障排除。

可是又行驶了三天，故障再一次出现，拆下油底壳观察发现里面有好多摩擦片碎屑。于是又再一次解体，发现摩擦片还是完好无损，经过反复查阅维修资料，确定是变矩器里的锁止离合器片在上次摩擦片烧坏时，它也烧损，于是将变矩器进行了翻新，装到车上，故障再没有出现过。

（3）故障总结

在分析故障时，往往只注意变速器本身问题，而忽略了除变速器本身以外，与变速器有关的问题，这样往往会造成误判。所以在判断故障时，要根据故障现象去考虑与该故障有关的一切问题，只有这样才能把故障准确地排除。

3. 案例三

（1）故障现象

帕萨特 B5，采用 01N 变速器，该车在正常行驶时，踩下刹车再加油或转弯时加油就会出现发动机空转的现象，上一个 45°的坡也出现空转的现象。该车在平路上行驶不踩刹车，一切正常。

（2）故障分析与维修

根据车主的描述，将车进行一次路试，发现故障跟车主描述的一样。车正常行驶时，只要一踩刹车，变速器就成了空挡，待车停 1 s 左右，车又可以正常行驶了，查阅维修手册主要是变速器缺油的原因。问了车主该故障是什么时候出现的，他说昨天还行驶正常，今天早晨才出现，故障才出现又没有长时间行驶，说明摩擦片没有问题。于是补加了 1 L 油，故障排除。

(3)故障总结

该车主主要是在缺了 1 L 油后，踩刹车时，油底壳油来回晃动，油泵暂时吸不上油，待停 1 s 左右，油泵又可吸到油，所以车又可正常行驶了。

4. 案例四

(1)故障现象

一辆奥迪 A6.2.8 轿车，采用 5HP-19 变速器，该车出现了前部漏油非常严重的故障。

(2)故障分析与维修

一辆奥迪 A6.2.8 轿车，报修变速器漏油故障，当把车用举升机举起来发现，在变速器前部和发动机后部有很多油在往下流，而且流的油已成为了一条线，用手沾了一点油闻了闻，是变速器油，故障可能是由变速器前油封漏油引起的。拆下变速器发现变速器不仅前油封掉了，而且油泵铜套套在了变矩器轴颈上，与轴颈成了一体。把油泵总成和变矩器一块更换后，漏油故障排除。

(3)故障总结

5HP-19 变速器前部出现漏油现象。主要有以下几种原因：
①变速器油长期没有更换。
②在更换变速器油时，更换的不彻底，没有使用交换机。5HP-19 变速器油泵铜套损坏是该变速器的一个通病，目前，只有更换油泵来解决。

5. 案例五

(1)故障现象

一辆进口别克轿车，该车采用 4T60-E 变速器，此车出现了刚一着车时，行驶一切正常，当行驶 10 min 后，车就出现挂任何挡不走车的现象，停止 4~5 min，车又可以正常行驶。

(2)故障分析与维修

如果是滤网堵的话，车刚起动时，油压应该正常，随着时间变化，油压应该越来越小，最后直到油压完全为零。为了证实故障的可能原因，接上一块油压表，起动车发现油压正常（398~405 kPa），挂入动力挡油压表指针在到达正常值后，往回又回了一下，然后又慢慢到正常值，这说明缓冲系统非常正常。当起动了 5 min 后发现油压逐渐降低，到了 10 min 以后发现油压为零。这充分证明了故障存在部位的可能性。于是拆下油底壳，把滤网拆下来发现滤网进油口已经堵塞，用手捏了捏那些杂物发现全都是摩擦片上掉下来的碎片，这说明内部有已严重烧坏的部件。把变速器从车上拆下来解体，发现摩擦片已烧坏，更换已烧坏的摩擦片、密封圈、活塞，装上去试车，故障排除。

（3）故障总结

对于这些刚超动行驶正常，过一会儿就不正常的故障，一般都是油路故障，且用油压表测是最准确的。对于由滤网堵塞造成车辆不能正常行驶的，一定要解体变速器看一下，里面有没有损坏的部件，不要只简单地更换滤网。虽然更换滤网故障会排除，但它还会发生再一次堵塞。

思考与练习

一、填空题

1. 自动变速器常见的有_____、_____、_____、_____四种类型。
2. 自动变速器的供油系统主要由_____、_____、_____、_____、_____所组成。
3. 液力变矩器由_____、_____、_____组成的液力元件。
4. 行星齿轮变速器的换挡执行元件包括_____、_____和_____。
5. 绝大多数轿车自动变速器中的齿轮变速器采用的是_____。
6. 行星齿轮机构是自动变速器的重要组成部分之一，主要由_____、_____、_____和_____等元件组成。
7. 自动变速器的换挡可通过_____或_____来操纵。

二、判断题

1. AT 中制动器的作用是把行星齿轮机构中的某两个元件连接起来形成一个整体共同旋转。（　　）
2. AT 的制动器能把行星齿轮机构中元件锁止，不让其旋转。（　　）
3. AT 的离合器的自由间隙是利用增减离合器片或钢片的片数进行调整的。（　　）
4. 在自动变速器中使用数个多片湿式制动器，为使其停止运作时油缸排油迅速，其油缸内设置单向阀钢珠。（　　）
5. 在液力变矩器中，由于导轮的作用，使泵轮的转矩增大。（　　）

三、选择题

1. 液力变矩器的泵轮和涡轮转速差值愈大，则（　　）。
   A. 输出转矩越大　　B. 输出转矩越小　　C. 效率越高　　D. 输出功率越大

2. 液力变矩器的锁止电磁阀的作用是当车速升到一定值后，控制油液能把（　　）锁为一体。
   A. 泵轮和导轮　　B. 泵轮和涡轮　　C. 泵轮和单向离合器　　D. 涡轮和导轮
3. 在输出轴处于增矩状态下，液力变矩器中的导轮处于（　　）状态。
   A. 自由　　　　B. 锁止　　　　C. 与涡轮同速　　　　D. 与泵轮同速
4. 技师甲说发动机负荷的变化将引起变速器内部液压的变化；技师乙说发动机的负荷由节气门开度或发动机真空度来反映。谁正确？（　　）
   A. 甲正确　　　B. 乙正确　　　C. 两人均正确　　　　D. 两人均不正确
5. 在自动变速器中，储压器的作用是在换挡时，使（　　）。
   A. 主油压平稳　　　　　　　　B. 节气门油压平稳
   C. 换挡执行元件的结合先慢后快　　D. 换挡执行元件的结合先快后慢
6. 自动变速器换挡执行元件中的单向离合器的主要作用是满足（　　）的需要。
   A. 换挡　　　B. 改善换挡冲击　　C. 提高油压　　D. 机械锁止

课题五 万向传动装置的构造与维修

[学习任务] →

1. 了解万向传动装置的原理及结构。
2. 学会万向传动装置常见故障的维修。

[技能要求] →

1. 掌握万向传动装置常见故障的维修。
2. 掌握万向传动装置的拆装。

任务一 万向传动装置的结构与分类

一、万向传动装置的结构

万向传动装置是用来在工作过程中相对位置不断改变的两根轴间传递动力的装置。其作用是连接不在同一直线上的变速器输出轴和主减速器输入轴，并保证在两轴之间的夹角和距离经常变化的情况下，仍能可靠地传递动力。

万向传动装置主要由万向节、传动轴和中间支承组成。如图 5-1 所示，安装时必须使传动轴两端的万向节叉处于同一平面。

课题五 万向传动装置的构造与维修

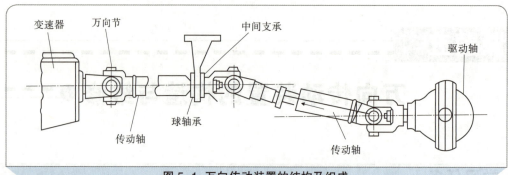

图 5-1 万向传动装置的结构及组成

1.万向节

万向节即万向接头,是实现变角度动力传递的机件,用于需要改变传动轴线方向的位置,它是汽车驱动系统万向传动装置的"关节"部件。万向节与传动轴组合,称为万向传动装置。万向传动装置是用来在工作过程中相对位置不断改变的两根轴间传递动力的装置。其作用是连接不在同一直线上的变速器输出轴和主减速器输入轴,并保证在两轴之间的夹角和距离经常变化的情况下,仍能可靠地传递动力。它主要由万向节、传动轴和中间支承组成。安装时必须使传动轴两端的万向节叉处于同一平面。

按万向节在扭转方向上是否有明显的弹性可分为刚性万向节和挠性万向节,如图 5-2 所示。刚性万向节又可分为不等速万向节(常用的为十字轴式)、准等速万向节(如双联式万向节)和等速万向节(如球笼式万向节)三种。

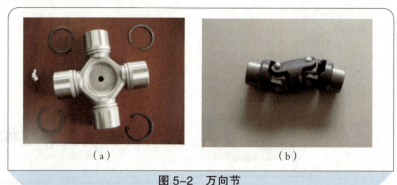

图 5-2 万向节
(a)刚性万向节;(b)挠性万向节

(1)十字轴式刚性万向节

十字轴式刚性万向节的结构及组成如图 5-3 所示,它允许相邻两轴的最大交角为 15°~20°。

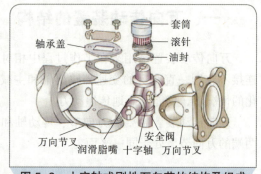

图 5-3 十字轴式刚性万向节的结构及组成

1) 十字轴式刚性万向节的结构

十字轴式刚性万向节主要由十字轴、万向节叉及轴承等组成。两个万向节叉分别与主、从动轴相连,万向节叉上的孔分别套在十字轴的两对轴颈上,当主动轴转动时,从动轴随之转动并绕十字轴中心在任意方向上摆动。在十字轴轴颈与万向节叉孔之间装有滚针轴承(滚针和套筒),并用带有锁片的螺钉和轴承盖进行轴向定位。为了润滑轴承,十字轴内钻有油道,且与油嘴、安全阀相通。为避免润滑油流出及尘垢进入轴承,十字轴轴颈的内端有油封。安全阀的作用是当十字轴内腔润滑脂压力超过允许值时,阀打开使润滑脂外溢,使油封不会因油压过高而损坏。

现代汽车多采用橡胶油封,多余的润滑油从油封内圆表面与十字轴轴颈接触处溢出,故无须安装安全阀。

万向节轴承的常见定位方式,除上述盖板定位外,还有用U形螺栓及内、外弹性卡环进行定位。

2) 十字轴式刚性万向节的等速排列

上述的刚性万向节可保证在轴交角变化时可靠地传动,其结构简单、传递效率高,缺点是单个十字轴式刚性万向节在主动轴和从动轴之间有夹角的情况下,当主动叉是等角速转动时,从动叉是不等角速的,且两转轴之间的夹角越大,不等速性就越大,但两轴的平均速度相等,即主动叉一圈,从动叉也一圈。传动不等速性是指从动叉轴在一圈内,其角速度时而大于主动叉的角速度,时而小于主动叉的角速度。

十字轴式刚性万向节的不等速特性,将使从动轴及其相连的传动部件产生扭转振动,从而产生附加的交变载荷,影响部件寿命。所以可采用如图5-4所示的双十字轴刚性万向节的传动方式,则第一万向节的不等速特性就可以被第二万向节的不等速特性所抵消,从而实现两轴间的等角速传动。具体条件是:

①第一万向节两轴间夹角 α_1,与第二个万向节两轴间夹角 α_2 相等。
②第一万向节的从动叉与第二万向节的主动叉处于同一平面内。

由于悬架的振动,不可能在任何时候都保证 $\alpha_1=\alpha_2$,因此这种双十字轴刚性万向节的传动只能近似地得到等速传动,且由于两轴夹角最大只能是20°,因此难以满足转向驱动桥和断开式驱动桥的要求。

(2)等速万向节

等速万向节的基本原理是从结构上保证万向节在工作过程中,其传力点永远位于两轴交点的平分面上。如图5-5所示为等速万向节的工作原理。一对大小相同锥齿轮的接触点 P 位于两齿轮轴线交角的平分面上,由 P 点到两轴的垂直距离都等于 r。P 点处两齿轮的圆周速度相等,两齿轮的角速度也相等。可见,若万向节的传力点在其交角变化时,始终位于两轴夹角的平分面上,就能保证两万向节叉保持等角速的传动关系。等速万向节的常见结构形式有球笼式和球叉式等速万向节。

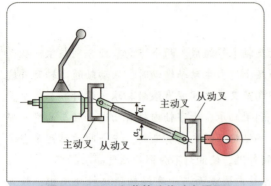

图 5-4 双万向节等速传动布置图

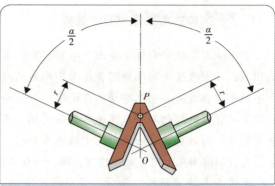

图 5-5 等速万向节的工作原理

1) 球笼式等速万向节

球笼式等速万向节按内、外滚道结构不同分为 RF 型球笼式万向节和 VL 型球笼式万向节。

① RF 型球笼式万向节。RF 型球笼式万向节由六个钢球、星形套、球形壳和保持架等组成如图 5-6 所示。万向节星形套与主动轴用花键固接在一起，星形套外表面有六条弧形凹槽滚道，球形壳的内表面有相应的六条凹槽，六个钢球分别装在各条凹槽中，由球笼使其保持在同一平面内。动力由主动轴、钢球、球形壳输出。

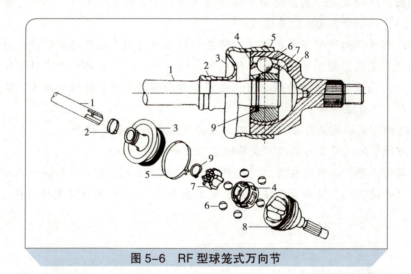

图 5-6 RF 型球笼式万向节

1—主动轴；2, 5—钢带箍；3—外罩；4—保持架（球笼）；6—钢球；7—星形套（内滚道）；
8—球形壳（外滚道）；9—卡环

图 5-7 所示为 RF 型球笼式万向节的工作原理。外滚道中心 A 和内滚道中心 B 到万向节中心 O 的距离相等，钢球中心 C 到 A、B 两点的距离也相等，$\angle COA = \angle COB$，即两轴交角为任意值时，传力钢球 C 始终位于交角的平分面上，从而主、从动轴以相等的角速度旋转、传力。

RF 球笼式万向节最大摆角达 47°。工作时六个钢球都参与传力，故承载能力强，磨损小，寿命长。它被广泛应用于各种型号的转向驱动桥和独立悬架的驱动桥。

② VL 型球笼式万向节。VL 型球笼式万向节又称为伸缩型等速万向节，其结构如图 5-8 所示，主要由星形套、保持架、筒形壳和钢球等组成。由于星形套与筒形壳之间的轴向相对移动是通过钢球沿内、外滚道滚动来实现的，与滑动花键相比，因其滑动阻力小，故最适用于断开式驱动桥。上海桑塔纳轿车转向驱动桥所用即为 VL 型球笼式万向节。

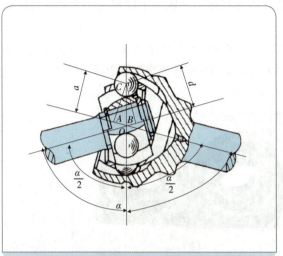

图 5-7　RF 型球笼式万向节的工作原理

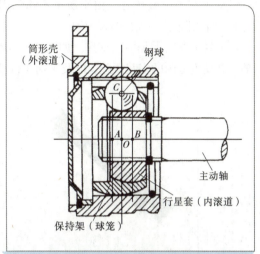

图 5-8　VL 型球笼式万向节

2）球叉式等速万向节

　　球叉式等速万向节由主动叉、从动叉、四个传动钢球、中心钢球、定位销、锁止销组成。如图 5-9 所示，主动叉与从动叉分别与内、外半轴制成一体。在主、从动叉上，分别有四个曲面凹槽，装配后形成两个相交的环形槽，作为钢球滚道。四个传动钢球放在槽中，中心钢球放在两叉中心的凹槽内，以定中心。球叉式等速万向节等速传动的原理如图 5-10 所示。主、从动叉凹槽的中心 O_1、O_2 与万向节中心 O 距离相等，故在主、从动轴以任何角度相交时，传动钢球中心都位于两圆的焦点上，因而保证了等角速传动。

　　球叉式等速万向节在工作的时候，只有两个钢球传力，磨损快，影响使用寿命，现在应用越来越少。

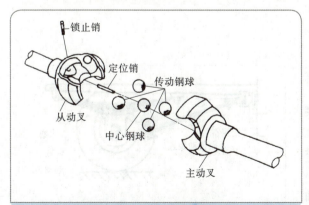

图 5-9　球叉式等速万向节

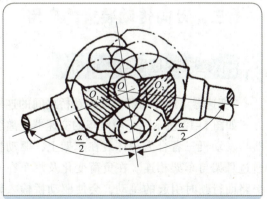

图 5-10　球叉式等速万向节的工作原理

2. 传动轴和中间支撑

汽车行驶过程中，变速器与驱动桥的相对位置经常变化，为避免运动干涉，传动轴由滑动叉和花键轴组成的滑动花键连接，以适应传动轴长度的变化。为减少磨损，还装有用以加注滑脂的滑脂嘴、油封、堵盖和防尘套。

传动轴在高速旋转时，由于质量不均匀引起的离心力将使传动轴发生剧烈震动。因此当传动轴与万向节装配后必须进行动平衡。

传动轴分段时需加中间支撑。如图 5-11 所示，通常中间支撑安装在车架横梁上，应能补偿传动轴轴向和角度方向的安装误差，以及车辆在行驶过程中由于发动机窜动或车架等变形所引起的位移。

图 5-11　传动轴和中间支撑

（a）传动轴；（b）中间支撑

二、万向传动装置的主要类型

万向传动装置可分为闭式和开式两种。

①闭式万向传动装置采用单万向节，传动轴被封闭在套管中，套管与车架做成球铰连接，而与驱动桥为固定连接。其最大的特点是：传动轴外壳作为推力管来传递汽车的纵向力，从而使传动轴外壳起到了悬架系统导向机构中纵向摆臂的作用，这对于其后悬架采用螺旋弹簧作为弹性元件是十分必要的。

②开式万向传动装置结构简单，质量小，现代汽车广泛应用开式万向传动装置。

三、万向传动装置的应用

1. 连接变速器与驱动桥

变速器（或分动器）与驱动桥之间的连接方式如图 5-12 所示。一般汽车的变速器、离合器与发动机三者合为一体装在车架上，驱动桥通过悬架与车架相连。在负荷变化及汽车在不平路面行驶时引起的跳动，会使驱动桥输入轴与变速器输出轴之间的夹角和距离发生变化。

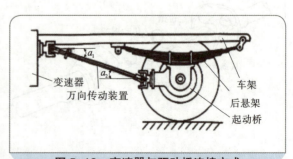

图 5-12　变速器与驱动桥连接方式

2. 连接离合器、变速器、分动器、驱动桥

在多轴传动的汽车上，分动器与各驱动桥之间或驱动桥与驱动桥之间也需要用万向传动装置传递动力。若离合器与变速器分开或变速器与分动器分开布置时，虽然都支承在车架上，且轴线也可以设计成重合，但为了消除制造、装配误差以及车架变形对传动的影响，在其间也常设置万向传动装置。

3. 连接转向驱动桥或断开式驱动桥

在与独立悬架配合使用的断开式驱动桥中，由于左右车轮存在相对跳动，则在差速器与驱动轮之间装有万向传动装置，如图 5-13 所示。

在转向驱动桥中，前轮在偏转过程中均需传递动力。因此，对于非独立悬架的驱动桥，往往将一侧的半轴再分为内、外两段，用万向节连接，如图 5-14 所示。

图 5-13 连接断开式驱动桥

图 5-14 连接非独立悬架的驱动桥

4. 连接转向操纵机构

有些汽车的转向操纵机构，由于受整体布置的限制，转向盘轴线与转向器输入轴轴线不重合，因此也常设万向传动装置，如图 5-15 所示。

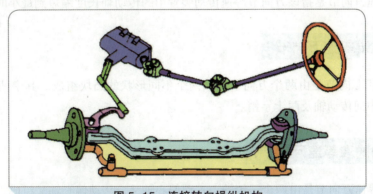

图 5-15 连接转向操纵机构

任务二　万向传动装置的工作原理

一、不等速万向节的工作原理

不等速万向节是指万向节连接的两轴夹角大于零时，输出轴和输入轴之间以变化的瞬时角速度比传递运动，但平均角速度相等的万向节。

十字轴式刚性万向节由万向节叉、十字轴、滚针轴承、油封、套筒、轴承盖等件组成。其工作原理为：转动叉中之一经过十字轴带动另一个叉转动，同时又可以绕十字轴中心在任意方向摆动。转动过程中滚针轴承中的滚针可自转，以便减轻摩擦。与输入动力连接的轴称输入轴（又称主动轴），经万向节输出的轴称输出轴（又称从动轴）。在输入、输出轴之间有夹角的条件下工作，由于两轴的角速度不等，因此会导致输出轴及与之相连的传动部件产生扭转振动，影响这些部件的寿命。

二、准等速万向节的工作原理

准等速万向节是指在设计的角度下以相等的瞬时角速度传递运动，而在其他角度下以近似相等的瞬时角速度传递运动的万向节。它又分为以下几种万向节。

1. 双联式准等速万向节

双联式准等速万向节是指该万向节等速传动装置中的传动轴长度缩短到最小时的万向节。

2. 凸块式准等速万向节

凸块式准等速万向节是由两个万向节叉和两个不同形状的凸块组成。其中两凸块相当于双联万向节装置中的中间传动轴及两十字销。

3. 三销轴式准等速万向节

三销轴式准等速万向节是由两个三销轴、主动偏心轴叉、从动偏心轴叉组成。

4. 球面滚轮式准等速万向节

球面滚轮式准等速万向节是由销轴、球面滚轮、万向节轴和圆筒组成。滚轮可在槽内做轴向移动，起到伸缩花键的作用。滚轮与槽壁接触可传递转矩。

三、等速万向节的工作原理

等速万向节是指万向节所连接的输出轴和输入轴以始终相等的瞬时角速度传递运动的万向节。

1. 球叉式等速万向节

球叉式等速万向节是由有滚道的球叉和钢球组成的万向节。而其中的圆弧槽滚道型球叉式万向节是指球叉上的钢球滚道为圆弧型的万向节。其结构特点是在球叉的主动叉和从动叉上制有圆弧凹槽，两者装合后形成四个钢球滚道，滚道内共容纳四个钢球。定心钢球装在主、从动叉中心的球形凹槽内。直槽滚道型球叉式万向节是指球叉上的钢球滚道为直槽滚道型的万向节。它的结构特点是在两个球叉上制有直槽，各直槽与轴的中心线相倾斜，且倾斜的角度相同并彼此对称。两个球叉之间的滚道内装有四个钢球。

2. 球笼式等速万向节

球笼式等速万向节是根据万向节轴向能否运动，又可区分为轴向不能伸缩型（固定型）球笼式万向节和可伸缩型球笼式万向节。结构上固定型球笼式万向节的星形套的内表面以内花键与传动轴连接，它的外表面制有六个弧形凹槽作为钢球的内滚道，外滚道制在球形壳的内表面上。星形套与球形壳装合后形成的六个滚道内各装一个钢球，并由保持架（球笼）使六个钢球处在同一平面内。动力由传动轴经钢球、球形壳传出。可伸缩型球笼式万向节的结构特点是筒形壳的内壁和星形套的外部制有圆柱形直槽，在两者装合后所形成的滚道内装有钢球。钢球同时也装在保持架的孔内。星形套内孔制有花键用来与输入轴连接。这一结构允许星形套与筒形壳相对于轴向方向移动。

任务三　万向传动装置的拆装与故障检测

一、传动系统的拆卸与装配

1. 传动轴拆解

①举升并妥善支承车辆。
②拆下轮胎和车轮总成，如图 5-16 所示。
③使用固定扳手和加长件，如图 5-17 所示。

课题五 万向传动装置的构造与维修

图 5-16 拆下轮胎和车轮总成

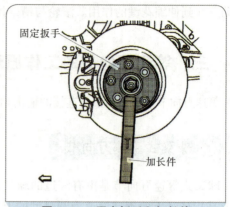

图 5-17 固定扳手和加长件

> **注意**
>
> 切勿重复使用车轮驱动轴螺母。报废的螺母应进行更换。

④将车轮驱动轴螺母从车轮驱动轴上拆下并报废,如图 5-18 所示。

⑤使用拆卸工具,将制动盘和车轮轴承/轮毂总成分离,如图 5-19 所示。

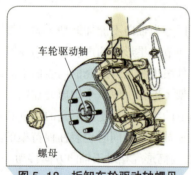

图 5-18 拆卸车轮驱动轴螺母

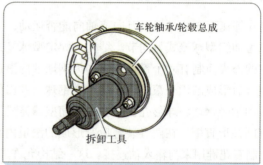

图 5-19 分离制动盘和车轮轴承/轮毂总成

> **注意**
>
> 无论制动钳已从其支座上分离,还是仍连接着液压挠性制动软管,都要用结实的金属线或同等工具支撑住制动钳。若不这样支撑制动钳,会使挠性制动软管承受制动钳重量,导致制动软管损坏,从而可能使制动液泄漏。

⑥将外转向横拉杆总成从转向节上拆下。

⑦将球节从转向节上拆下。

⑧使用惯性锤和拆卸工具,将车轮驱动轴从车辆上拆下,如图 5-20 所示。

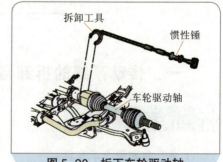

图 5-20 拆下车轮驱动轴

> **注意**
>
> 如果车轮驱动轴上没有垫圈,则安装新的垫圈。

⑨将垫圈从车轮驱动轴上拆下并报废,如图 5-21 所示。切勿重复使用垫圈,仅用新件更换。

⑩将 O 形圈密封件从中间轴上拆下并报废,如图 5-22 所示。

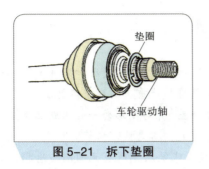
图 5-21 拆下垫圈

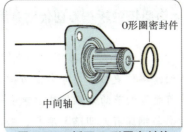
图 5-22 拆下 O 形圈密封件

2. 安装程序

传动轴的安装与其拆卸的顺序相反。

二、常见万向传动装置故障诊断

1. 万向节的检修

（1）十字轴刚性万向节的检修

万向节分解完成后，需要用汽油清洗各零件，以便暴露出零件的损伤、磨损情况，而且应按以下要求检查和修复：

①检查滚针轴承，如果滚针断裂、油封失效，应更换新件。

②检查十字轴轴颈磨损、压痕剥落等情况。如果十字轴轴颈轻微磨损、轻微压痕或剥落，仍可继续使用；如果轴颈磨损过甚、严重压痕（深度超过 0.1 mm）或严重剥落时，应予以更换。

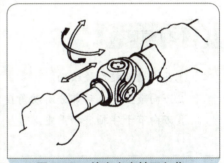
图 5-23 检查十字轴万向节

③检查万向节叉，不得有裂纹或其他严重损伤，否则更换新件。

④万向节装配完毕后，可用手扳动十字轴进行检验，以转动自如没有松旷感为适，如图 5-23 所示。若装配过紧或过松，应查明原因，必要时应拆检及重新装配。

（2）球笼式万向节的检修

球笼式万向节主要是检查万向节中各部件的磨损情况和装配间隙。

等速万向节的六颗钢球要求有一定的配合公差，并与星形套一起组成配合件。检查轴、球笼、星形套与钢球有无凹陷与磨损，若万向节间隙过大，须更换。

防尘罩及卡箍、弹簧挡圈等损坏时，应予以更换。

（3）上海桑塔纳轿车万向传动装置的检修

①检修作业，主要是检查内、外等角速万向节中各组件的磨损情况和装置游隙。一般外等角速万向节酌情单件更换；内等角速万向节，如某组件磨损严重，则应整体更换。

②外等角速万向节的六颗钢球要求有一定的配合公差，并与星形套一起组成配合件。检查轴、球笼、星形套与钢球有无凹陷与磨损，若万向节游隙过大，需更换万向节。

③内等角速万向节的检修，要检查球笼壳、球毂、球笼及钢球有无凹陷与磨损，如磨损严重则应更换。内等角速万向节只能整体调换，不可单个更换。

④检查传动轴，如有弯曲、凹陷等损坏，应更换。

⑤防尘罩及卡箍、弹簧挡圈等损坏时，应予以更换。

2. 万向节常见故障诊断

万向节的常见故障为万向节松旷。

（1）现象

在汽车起步或突然改变车速时，传动轴发出"咔"的响声；在汽车缓行时，发出"咔啷、咔啷"的响声。

（2）原因

①凸缘盘连接螺栓松动。
②万向节主、从动部分游动角度太大。
③万向节十字轴磨损严重。

（3）故障诊断与排除方法

①用榔头轻轻敲击各万向节凸缘盘连接处，检查其松紧度。太松旷则故障由连接螺栓松动引起，否则继续检查。

②用双手分别握住万向节主、从动部分转动，检查游动角度。游动角度太大，则故障由此引起。

3. 传动轴和中间支承的检修和故障诊断

传动轴是万向传动装置中的主要传力部件。通常用来连接变速器（或分动器）和驱动桥，在转向驱动桥和断开式驱动桥中，则用来连接差速器和驱动车轮。传动轴分段时需加中间支承，中间支承通常装在车架横梁上，并要求能补偿传动轴轴向和角度方向的安装误差，以及汽车行驶过程中因发动机窜动或车架变形等引起的位移。为满足上述功用，中间支承常用弹性元件。下面实操检修传动轴和中间支承及其常见的故障诊断，掌握其结构和功用。

（1）传动轴和中间支承的检修

1）传动轴的检修

传动轴轴管不得有裂纹及严重的凹瘪。检查传动轴轴管全长上的径向圆跳动，如图5-24所示，应符合表5-1的规定。

轿车传动轴径向圆跳动应比表5-1的值相应减小0.20 mm。中间传动轴支承轴颈的径向圆跳动为0.10 mm。当传动轴轴管的径向圆跳动超过表5-1的规定时，应对传动轴进行校正或更换。

传动轴花键与滑动叉花键、凸缘叉与所配合花键的侧隙：轿车应不大于0.15 mm，其他类型的汽车应不大于0.30 mm，装配后应能滑动自如。

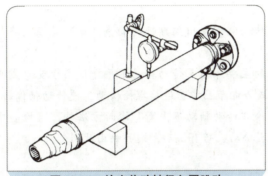

图5-24　检查传动轴径向圆跳动

表5-1　传动轴轴管的径向圆跳动公差

mm

轴长	小于600	600~1 000	大于1 000
径向圆跳动	0.60	0.80	1.00

2）中间支承的检修

检查中间支承的橡胶垫环是否开裂、油封磨损是否严重而失效、轴承松旷或内孔磨损是否严重，如图5-25所示。如果是，均应更换新的中间支承。

中间支承轴承经使用磨损后，需及时检查和调整，以恢复其良好的技术状况。以解放CA1092型汽车为例，其中间支承为双列圆锥滚子轴承，有两个内圈和一个外圈，两内圈中间有一个隔套，供调整轴向间隙用。

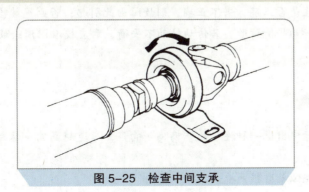

图5-25　检查中间支承

磨损使中间支承轴向间隙超过 0.30 mm 时，将引起中间支承异响和传动轴严重振动，导致各传力部件早期损坏。

调整方法：拆下凸缘和中间轴承，将调整隔板适当磨薄，传动轴承在不受轴向力的自由状态下，轴向间隙为 0.15～0.25 mm，装配好后用 195～245 N·m 的扭矩拧紧凸缘螺母，保证轴承轴向间隙在 0.05 mm 左右，即转动轴承外圈而无明显的轴向游隙为宜，最后从滑脂嘴注入足够的润滑脂，以减小磨损。

（2）传动轴和中间支承的常见故障诊断

1）传动轴异响

①现象。汽车行驶中传动装置发出周期性的响声；车速越高响声越大，严重时伴随有车身振抖。

②原因。传动轴异响的主要原因是传动轴动不平衡，由于变形或平衡块脱落等；其次是中间支承吊架固定螺栓松动或万向节凸缘盘连接螺栓松动，使传动轴偏斜。

③故障诊断与排除。除"传动轴动不平衡"诊断方法外，再检查中间支承吊架固定螺栓和万向节凸缘盘连接螺栓是否松动，若有松动，则异响由此引起。

2）传动轴动不平衡

①现象。在万向节和伸缩叉技术状况良好时，汽车行驶中发出周期性的响声；车速越高响声越大，甚至伴随有车身振动，握方向盘的手感觉麻木。

②原因。
● 传动轴上的平衡块脱落。
● 传动轴弯曲或传动轴管凹陷。
● 传动轴管与万向节叉焊接不正或传动轴未进行动平衡试验和校准。
● 伸缩叉安装错位，造成传动轴两端的万向节叉不在同一平面内，不满足等速传动条件。

③故障诊断与排除方法。
● 检查传动轴管是否凹陷，有凹陷，则故障由此引起；无凹陷，则继续检查。
● 检查传动轴管上的平衡片是否脱落，若脱落，则故障由此引起；否则继续检查。
● 检查伸缩叉安装是否正确，若不正确，则故障由此引起；否则继续检查。
● 拆下传动轴进行动平衡试验，若传动轴动不平衡，则应校准以消除故障；若传动轴弯曲，应校直。

3）中间支承松旷

①现象。汽车运行中出现一种连续的"呜呜"响声，车速越高响声越大。

②原因。
● 滚动轴承缺油烧蚀或磨损严重。

● 中间支承安装方法不当，造成附加载荷而产生异常磨损。
● 橡胶圆环损坏。
● 车架变形，造成前后连接部分的轴线在水平面内的投影不同线而产生异常磨损。
③ 故障诊断与排除方法。
● 给中间支承轴承加注润滑脂，响声消失，则故障由缺油引起；否则继续检查。
● 松开夹紧橡胶圆环的所有螺钉，待传动轴转动数圈后再拧紧，若响声消失，则故障由中间支承安装方法不当引起。否则故障可能是：橡胶圆环损坏、滚动轴承技术状况不佳或车架变形等引起。

三、万向传动装置常见故障案例

1. 案例一

行车时左前轮有"喀吧"声。

（1）故障现象

一辆行驶了 65 400 km 的捷达轿车，在车辆行驶时，左前轮处有"喀吧、喀吧"声，类似金属挤压声，转向时异响更加严重。

（2）故障诊断与排除

用举升器将车辆升起，经检查后发现右传动轴外等速万向节防尘套破裂，其内部润滑脂溢出。将右传动轴拆下，拆下防尘套，发现外等速万向节珠架滚道内有许多泥沙。通过用汽油清洗干净后，发现万向节珠架有两处裂纹，滚道有划痕和麻点，已无法使用。更换新的外等速万向节和防尘套，故障排除。根据要求捷达轿车应定期进行检查、保养，一旦发现球笼防尘套损坏应及时更换，以免造成球笼损坏。

2. 案例二

传动轴异响。

（1）故障现象

一车主诉说其车辆在起步、变速过程中放松离合器踏板时，传动轴出现明显、清脆的金属敲击声。汽车以高速挡低速行驶时，其响声连续且有节奏。

（2）故障诊断与排除

　　传动轴异响的最常见原因是万向节不良。当万向节轴承磨损松旷，配合间隙会变得过大，一旦离合器踏板放松，主、从动件接触时就会产生撞击而发出金属敲击声。而当汽车在高速挡低速行驶时，因发动机运转不均匀，传动轴抖动，此时又会出现连续而有节奏的响声。经检查发现十字轴及轴承磨损严重，更换十字轴及轴承，故障排除。

3. 案例三

　　汽车在平坦路面上行驶时，车辆出现颤动现象。

（1）故障现象

　　一辆道奇大捷龙MPV商用车，车主反映车速在60 km/h时能明显感觉到车身左右颤动，前部车身感觉特别明显，在提速的过程中颤动更加厉害，急速踏加速踏板则颤动变得非常剧烈，但若是缓踏加速踏板，颤动感会轻一些，不踏加速踏板则几乎感觉不到。车主还反映车辆在重载上坡时让人更是难以忍受，但当车速超过70 km/h后，车辆又恢复正常。

（2）故障诊断与排除

　　根据维修经验判定，此类故障多是由于悬架的松动，或铰接部分配合间隙变大引起的振动，当振动与车身振动频率在某一瞬间相重合时而引起振动的振幅变大，形成共振。将车辆升起，仔细检查底盘，用撬棍撬动各胶套及球头发现，右下控制臂球头略有松动，更换该球头后试车，故障略有好转，但仍存在，车轮的轴向摆动量超标也会出现此类情况。于是将前轮拆下，重新做动平衡，并且观察了车轮的偏摆情况，发现偏摆并不严重，但还是从四个车轮中选择了偏摆量较轻的两个安装在了前轮，再次试车观察。故障依旧存在。

　　反复试车，检查底盘。经过查阅维修资料猜测车辆的颤动源会不会来自发动机或者变速器，最终传导到车身的呢？将车升起，起动发动机让前轮旋转，保持车速在60 km/h。此时在车下可以明显地感觉到发动机和变速器左、右摆动要比车身更剧烈。经仔细观察，发现振动源来自左侧传动轴。将车熄火后用力晃动左侧传动轴，能够听到"哐当"的响声，因此可判定是传动轴内球笼的内部间隙过大所引起的故障。

　　拆卸传动轴内球笼，检查发现此内球笼为星形三销式万向节，左侧内球笼传动轴防尘套的卡子已松动，润滑脂已经漏光，并且有水分进入。由于长时间缺少油脂的润滑，球笼的内壁上受力侧已经磨损出很深的沟槽，三个小轴承的滚针有的也因磨损脱离了滑道。

　　由于球笼的内壁上有沟槽，使得传动轴的伸缩受到限制，所以引起发动机左右摆动，进而导致车身的左右摆动。当车速为60 km/h时，传动轴伸缩的频率与发动机通过发动机支撑座摆动的固有频率相重叠，导致车辆摆振的幅度最大；当车速达到70 km/h时，传动轴伸缩的频率与发动机通过支撑座摆动的固有频率相差较多，所以车速超过70 km/h时摆振现象就会消失。

　　更换左侧传动轴总成后，故障排除。

思考与练习

一、填空题

1. 目前，汽车传动系中广泛应用的是＿＿＿＿万向节。
2. 万向传动装置一般由＿＿＿＿和＿＿＿＿组成，有时还加装上＿＿＿＿。
3. 等速万向节的基本原理是从结构上保证万向节在工作过程中＿＿＿＿。
4. 等速万向节的形式有＿＿＿＿、＿＿＿＿。
5. 准等速万向节常见的形式有＿＿＿＿、＿＿＿＿、＿＿＿＿。
6. 万向节根据在扭转方向上是否有明显的弹性可分为＿＿＿＿和＿＿＿＿。
7. 十字轴式刚性万向节由＿＿＿＿、＿＿＿＿、＿＿＿＿、＿＿＿＿、＿＿＿＿等件组成。
8. 球面滚轮式准等速万向节由＿＿＿＿、＿＿＿＿、＿＿＿＿和＿＿＿＿组成。

二、判断题

1. 刚性万向节是靠零件的铰链式连接来传递动力的，而挠性万向节则是靠弹性零件来传递动力的。（　　）
2. 对于十字轴式万向节来说，主、从动轴的交角越大，则传动效率越高。（　　）
3. 对于十字轴式万向节来说，主、从动轴之间只要存在交角，就存在摩擦损失。（　　）
4. 只有驱动轮采用独立悬架时，才有实现第一万向节两轴间的夹角等于第二万向节两轴间的夹角的可能。（　　）
5. 挠性万向节一般用于主、从动轴间夹角较大的万向传动的场合。（　　）
6. 传动轴两端的万向节叉，安装时应在同一平面内。（　　）
7. 汽车行驶过程中，传动轴的长度可以自由变化。（　　）

三、选择题

1. 十字轴式刚性万向节的十字轴轴颈一般都是（　　）。
   A. 中空的　　　B. 实心的　　　C. 无所谓　　　D. A, B, C 均不正确
2. 十字轴式万向节的损坏是以（　　）的磨损为标志的。
   A. 十字轴轴颈　B. 滚针轴承　　C. 油封　　　　D. 万向节叉
3. 十字轴式不等速万向节，当主动轴转过一周时，从动轴转过（　　）。
   A. 一周　　　　B. 小于一周　　C. 大于一周　　D. 不一定
4. 等角速万向节的基本原理是从机构上保证万向节在工作过程中，其传力点永远位于两轴交角的（　　）。
   A. 平面上　　　B. 垂直平面上　C. 平分面上　　D. 平行面上
5. 球叉式万向节属于等速万向节，结构简单；容许最大交角为 32°~33°，工作时只有（　　）个钢球传力。
   A. 4　　　　　B. 3　　　　　C. 2　　　　　D. 1
6. 为了提高传动轴的强度和刚度，传动轴一般都做成（　　）。
   A. 空心的　　　B. 实心的　　　C. 半空、半实的　D. 无所谓
7. 主、从动轴具有最大交角的万向节是（　　）。
   A. 球笼式　　　B. 球叉式　　　C. 双联式　　　D. 三销轴式

课题六

驱动桥的构造与维修

[学习任务] →

1. 了解驱动桥的结构与作用。
2. 学会驱动桥的拆装。

[技能要求] →

掌握驱动桥的拆装方法。

任务一　驱动桥的结构与作用

驱动桥是位于传动系统末端能改变来自变速器的转速和转矩，并将它们传递给驱动轮的机构。驱动桥一般由主减速器、差速器、车轮传动装置和驱动桥壳等组成，如图6-1所示，转向驱动桥还有等速万向节。另外，驱动桥还要承受作用于路面和车架或车身之间的垂直力、纵向力和横向力，以及制动力矩和反作用力。

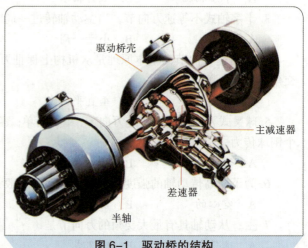

图 6-1　驱动桥的结构

一、驱动桥的结构

1. 主减速器

（1）主减速器的结构

1）单级主减速器

轿车及中型以下客货车用单级主减速器即可满足汽车动力性的要求。它具有结构简单、质量小、体积小、传动效率高等优点。东风EQ1090采用的是单级主减速器。

东风EQ1090型汽车单级主减速器由主动锥齿轮、从动锥齿轮、轴承、主减速器壳等组成。其减速传动为一对准双曲面锥齿轮7和18，其传动比为$i=33$，如图6-2所示。

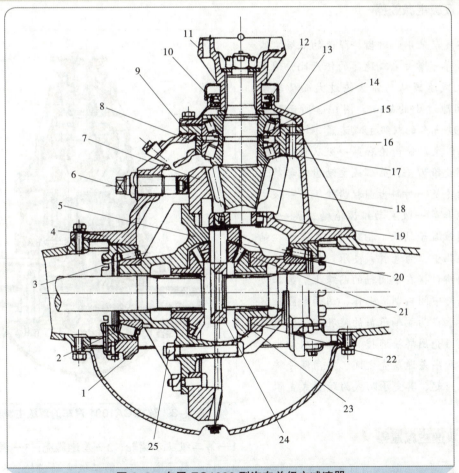

图6-2 东风EQ1090型汽车单级主减速器

1—差速器轴承盖；2—轴承调整螺母；3、13、17—圆锥滚子轴承；4—主减速器壳；5—差速器壳；6—支承螺柱；7—从动锥齿轮；8—进油道；9、14—调整垫片；10—防尘罩；11—叉形凸缘；12—油封；15—轴承座；16—回油道；18—主动锥齿轮；19—圆柱滚子轴承；20—行星齿轮垫片；21—行星齿轮；22—半轴齿轮推力垫片；23—半轴齿轮；24—行星齿轮轴（十字轴）；25—螺栓主、从动锥齿轮采用准双曲面齿轮。主动锥齿轮与主动轴制成一体，提高了主锥齿轮支撑刚度，其前端支承在两个距离较近的圆锥滚子轴承 13 和 17 上，后端支承在圆柱滚子轴承 19 上，形成跨置式支承。圆锥滚子轴承 13 和 17 的内座圈之间有隔套和调整垫片 14。轴承座依靠凸缘定位，用螺栓固装在主减速器壳体的前端，两者之间有调整垫片 9。从动锥齿轮靠差速器轴承盖定位，用螺栓紧固在差速器壳上，而差速器壳则用两个圆锥滚子轴承 3 支承在主减速器壳体中，并用轴承调整螺母 2 进行轴向定位。在从动锥齿轮啮合处背面的主减速器壳体上，装有支承螺柱，用以限制大负荷下从动锥齿轮过度变形而影响啮合。装配时，应在支承螺柱与从动锥齿轮背面之间预留一定间隙（0.3 ~ 0.5 mm），转动支承螺柱可以调整此间隙。

准双曲面齿轮的主、从动齿轮轴线不相交，使主动锥齿轮轴线可以低于从动锥齿轮轴，从而可以降低汽车的重心。此外由于准双曲面齿轮的啮合系数大，传动平稳，噪声小，承载能力大，所以在汽车上应用越来越多。

2）双级主减速器

有些汽车采用两对齿轮降速的双级主减速器，这样可增大主减速器的传动比，避免因单级主减速器从动锥齿轮过大而使驱动桥离地间隙过小的缺点。图 6-3 所示为解放 CA1091 汽车的双级主减速器。

第一级主动锥齿轮和第一级从动锥齿轮是一对螺旋锥齿轮，第二级主动齿轮和第二级从动齿轮是一对斜齿圆柱齿轮。第一级主动锥齿轮和第一级主动锥齿轮轴制成一体，用两个圆锥滚子轴承（相距较远）支承在轴承座的座孔中，为悬臂式支承。第一级从动锥齿轮用铆钉接在中间轴的凸缘上。第二级主动齿轮与中间轴制成一体，用两个圆锥滚子轴承支承在两端轴承盖的座孔中，轴承盖与主减速器壳用螺栓连接。第二级从动齿轮夹在左右两半差速器壳之间，并用螺栓将它们紧固在一起，其支承形式为跨置式支承。

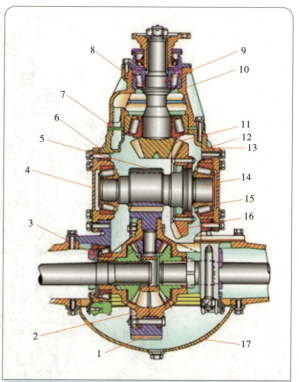

图 6-3 解放 CA1091 汽车的双级主减速器

1—第二级从动齿轮；2—差速器壳；3—调整螺母；4，15—轴承盖；5—第二级主动齿轮；6，7，8，13—调整垫片；9—第一级主动锥齿轮轴；10—轴承座；11—第一级主动锥齿轮；12—主减速器壳；14—中间轴；16—第一级从动锥齿轮；17—后盖

3）双速主减速器

为了提高汽车的动力性和经济性，有些汽车的主减速器具有两个传动比（两个挡）。可根据行驶条件的变化改变挡位，这种主减速器称为双速主减速器。

图6-4所示为行星齿轮式双速主减速器示意图。它由一对圆锥齿轮、一套行星齿轮机构及操纵机构组成。行星齿轮机构的齿圈与从动锥齿轮组成一体，并用两个圆锥滚子轴承支承在主减速器壳体上。有内齿圈的行星架与差速器壳连成一体，行星架轴上松套着行星齿轮。在左半轴上松套着接合套，可由气压控制的拨叉操纵。接合套上制有短接合齿和长接合齿（即中心齿轮）。主减速器壳体上制有固定齿圈。

当需要在高速挡行驶时，通过拨叉使接合套的长齿圈左移，将行星架齿圈与行星连成一体，如图6-4（a）所示，行星齿轮不能自转，因此行星齿轮机构不起减速作用即差速器壳与从动锥齿轮一起以相同转速旋转，传动比等于1（即直接传动）。这时，主减速器相当于单级圆锥齿轮传动，主减速器的传动比等于圆锥齿轮传动的传动比。

当需要在低速挡行驶时，通过操纵拨叉拨动接合套右移，使接合套上的短接合齿与主减速器壳体上的固定齿圈套合，接合套即被固定。此时接合套上的长接合齿（随接合套一起被固定）与行星架齿圈脱离而仅与行星齿轮啮合，如图6-4（b）所示。与从动锥齿轮连在一起的齿圈带动行星齿轮转动，行星架及与之相连的差速器壳将因行星齿轮的自转而降速。

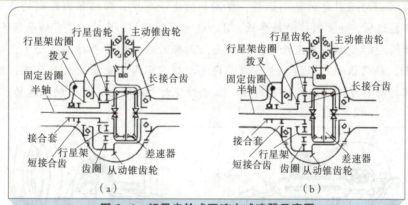

图6-4 行星齿轮式双速主减速器示意图

（a）高速挡单级传动；（b）低速挡双级传动

④ 轮边减速器

有些重型汽车，为了增加最小离地间隙，同时获得大的传动比，以提高通过能力和动力性，将双级主减速器的第二级齿轮减速机构放在两侧车轮近旁，称为轮边减速器。

轮边减速器又有定轴轮系和行星轮系两种结构形式。定轴轮系轮边减速器用一对外啮合（或内啮合）圆柱齿轮减速。

图6-5所示为上海SH3540A型汽车行星齿轮轮边减速器示意图，齿圈与桥壳固定在一起，中心齿轮与半轴连成一体，行星齿轮轴、行星齿轮架与轮毂连成一体。行星齿轮轴上松套着行星齿轮。半轴传来的动力经中心齿轮、行星齿轮、行星齿轮轴及行星齿轮架传给驱动车轮，因行星齿轮的自转使行星齿轮轴及与之相连的行星架和车轮得以降速。

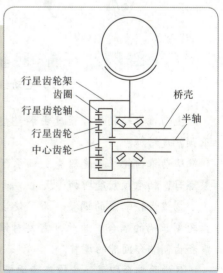

图6-5 上海SH3540A型汽车行星齿轮轮边减速器示意图

（2）主减速器的检修与调整

主减速器是传动系中降低转速、增大转矩的装置；对于纵置发动机，还用来改变转矩旋转方向。

为满足不同的使用要求，主减速器的结构形式是不同的。按主减速器传动比个数不同，可分为单速式和双速式主减速器；按参加减速传动的齿轮副数目，可分为单级式主减器和双级式主减速器。有些重型汽车又将双级主减速器的第二级圆柱齿轮传动设置在两侧驱动车轮附近，称为轮边减速器；按齿轮副结构形式，可分为圆锥齿轮式主减速器、圆柱齿轮式主减速器和准双曲面齿轮式主减速器。圆柱齿轮式主减速器又可分为定轴轮系和行星轮系主减速器。

1) 单级主减速器的调整

① 轴承预紧度的调整。圆锥滚子轴承装配时应使其具有一定的预紧度，以减小锥齿轮在传动过程中因轴向力而引起的轴向位移，提高轴的支承刚度，保证锥齿轮副的正确啮合。但轴承预紧度又不能过紧，过紧则传动效率低，且加速轴承的磨损。为此，设有轴承预紧度的调整装置。

轴承预紧度调整之前应先检查。一般是采用经验法，即用手转动主动（或从动）锥齿轮，应转动自如，轴向推动无间隙。也可以按规定力矩用固定螺母紧固叉形凸缘，然后用弹簧测量使叉形凸缘转动的力矩，如图6-6所示。如果力矩大于标准值，说明轴承过紧；反之亦然。

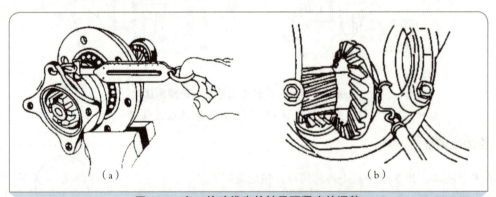

图6-6 主、从动锥齿轮轴承预紧度的调整

（a）主动锥齿轮轴承；（b）从动锥齿轮轴承

主动锥齿轮轴承预紧度由调整垫片来调整。增加垫片的厚度，轴承预紧度减小；反之，轴承预紧度增加。

从动锥齿轮（差速器壳）轴承预紧度则是通过拧动两侧的轴承调整螺母来调整的。拧入调整螺母，轴承预紧度增加；反之，轴承预紧度减小。

② 锥齿轮啮合的调整。为了使齿轮传动工作正常、磨损均匀、延长其使用寿命，必须保证齿轮副正确的啮合。为此，需要对锥齿轮的啮合进行调整。锥齿轮啮合的调整是指齿面啮合印痕和齿侧啮合间隙的调整。

③ 齿面啮合印痕。先检查齿面啮合印痕，方法为：在主动锥齿轮上相隔120°的三处用红丹油在齿的正、反面各涂2~3个齿，再用手对从动锥齿轮稍施加阻力并正、反向各转动主动齿

轮数圈。观察从动锥齿轮上的啮合印痕。正确的啮合印痕如图6-7所示，应位于齿高的中间偏小端，并占齿宽60%以上。

如果啮合印痕位置不正确，应进行调整，方法是移动主动锥齿轮。增加调整垫片的厚度，使主动锥齿轮前移；反之则后移。

④齿侧啮合间隙。调整啮合印痕移动主动锥齿轮后，主、从动锥齿轮的啮合间隙要发生变化。

啮合间隙的检查如图6-8所示，将百分表抵在从动锥齿轮正面的大端处，用手把住主动锥齿轮，然后轻轻往复摆转从动锥齿轮即可显示间隙值。中、重型汽车应为0.15～0.50 mm，轻型车约为0.10～0.18 mm，使用极限为1.00 mm。

如果啮合间隙不符合要求，需要进行调整，方法是移动从动锥齿轮：当从动锥齿轮远离主动锥齿轮时间隙变大，反之则变小。移动从动锥齿轮的方法是将一侧的轴承调整螺母旋入几圈，另一侧就旋出几圈。

在齿侧啮合间隙调整前应先将从动锥齿轮的轴承预紧度调整好。

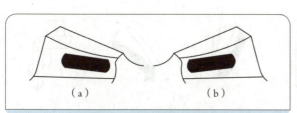

图6-7 正确的啮合印痕

（a）正转工作时；（b）逆转工作时

图6-8 齿侧啮合间隙调整

2）双级主减速器的调整

①轴承预紧度的调整。主动锥齿轮轴承预紧度，可通过增减调整垫片的厚度来调整。加垫片则变松，减垫片则变紧。

中间轴轴承的预紧度则是通过改变调整垫片的总厚度来调整的。加垫片则变松，减垫片则变紧。

差速器壳轴承预紧度靠拧动调整螺母来调整。旋入调整螺母则变紧，旋出则变松。

轴承预紧度的检查方法同前面所介绍的东风EQ1090汽车。

②锥齿轮啮合的调整。由于采用螺旋锥齿轮，所以锥齿轮啮合的调整方法与采用准双曲面齿轮的大众和东风EQ1090的主减速器不同。

啮合印痕和啮合间隙是同时进行调整的。先检查啮合印痕，方法同前面所介绍的东风EQ1090汽车。然后按照下述原则进行调整："大进从、小出从、顶进主、根出主"，如图6-9所示。啮合印痕合适后，若间隙不符，则通过轴向移动另一锥齿轮进行调整。

当啮合印痕位于从动锥齿轮轮齿大端时，如图6-9（a）所示，应将从动锥齿轮向主动锥齿轮靠拢。假如因此而使啮合间隙变小，可将主动锥齿轮向外移动。

当啮合印痕位于从动锥齿轮轮齿根部时，如图6-9（b）所示，应将从动锥齿轮移离主动锥齿轮。假如因此而使啮合间隙变大，可将从动锥齿轮向内移动。

当啮合印痕位于从动锥齿轮轮齿顶部时，如图6-9（c）所示，应将主动锥齿轮向从动锥齿轮靠拢。假如因此而使啮合间隙变小，可将从动锥齿轮向外移动。

当啮合印痕位于从动锥齿轮轮齿根部时，如图6-9（d）所示，应将从动锥齿轮移离主动锥齿轮。假如因此而使啮合间隙变大，可将从动锥齿轮向内移动。

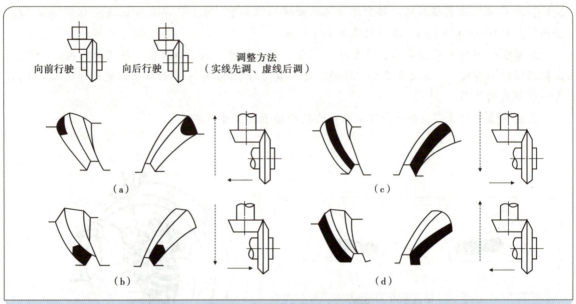

图6-9　螺旋锥齿轮啮合的调整

2. 差速器的功用、类型及结构

（1）差速器的功用

汽车在行驶过程中，车轮相对路面有两种运动状态：滚动和滑动。滑动又分为滑转和滑移两种情况。当汽车转弯行驶时，内外两侧车轮中心在同一时间内移过的曲线距离显然不同，即外侧车轮移过的距离大于内侧车轮，如图6-10所示。若两侧车轮都固定在同一刚性转轴上，两轮角速度相等，则此时外轮必然是边滚动边滑移，内轮必然是边滚动边滑转。

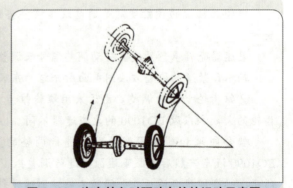

图6-10　汽车转向时驱动车轮的运动示意图

同样，汽车在不平路面上直线行驶时，两侧车轮实际移过的曲线距离也不相等。因此在角速度相同的条件下，在波形较显著的路面上运动的一侧车轮是边滚动边滑移，另一侧车轮则是边滚动边滑转。即使路面非常平直，但由于轮胎制造的尺寸误差，磨损程度不同，承受的载荷不同或充气压力不等，各个轮胎的滚动半径实际上不可能相等，因此，只要各轮角速度相等，车轮对路面的滑动就必然存在。

车轮对路面的滑动不仅会加速轮胎磨损，增加汽车的动力消耗，而且可能导致转向和制动性能的恶化。所以，在正常行驶条件下，应使车轮尽可能不发生滑动，差速器的作用就在此。

（2）类型

差速器按其功能可分为轮间差速器和轴间差速器。装在同一驱动桥两侧驱动轮之间的差速器称为轮间差速器；在多轴驱动汽车的驱动桥之间装有的差速器称为轴间差速器。

无论是轴间差速器还是轮间差速器，按其工作特性都可分为普通齿轮式差速器和防滑差速器两大类。防滑差速器常见的有强制锁止差速器、高摩擦自锁差速器和托森差速器。

1）普通齿轮式差速器

应用最广泛的普通齿轮式差速器为锥齿轮差速器。如图 6-11 所示为大众轿车差速器，由差速器壳、行星齿轮轴、两个行星齿轮、两个半轴齿轮、复合式推力垫片等组成。行星齿轮轴装入差速器壳体后用止动销定位。行星齿轮和半轴齿轮的背面制成球面，与复合式的推力垫片相配合，以减摩、耐磨。螺纹套用于紧固半轴齿轮。差速器通过一对圆锥滚子轴承支承在变速器壳体中，差速器壳体上通过螺栓装有主减速器从动锥齿轮。

普通齿轮式差速器的工作原理如图 6-12 和图 6-13 所示。主减速器传来的动力带动差速器壳（转速为 n_0）转动，经过行星齿轮轴、行星齿轮、半轴齿轮、半轴（转速分别为 n_1 和 n_2），最后传给两侧驱动车轮。

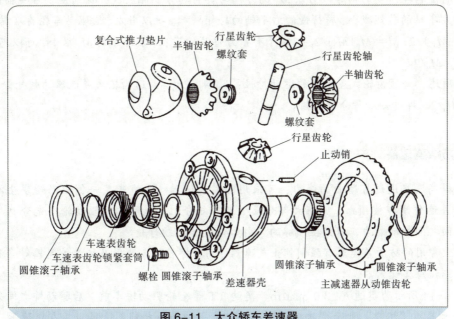

图 6-11　大众轿车差速器

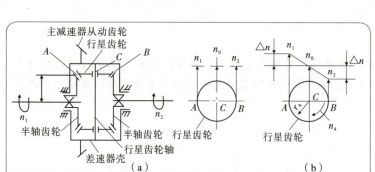
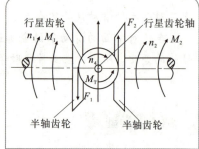

图6-12 差速器运动原理   图6-13 差速器的转矩分配原理

（a）差速器；（b）行星齿轮

①汽车直线行驶时。此时两侧驱动车轮所受到的地面阻力相同，并经半轴、半轴齿轮反作用于行星齿轮两啮合点A和B，如图6-12所示。这时行星齿轮相当于等臂杠杆，即行星齿轮不自转，只随差速器壳和行星齿轮轴一起公转，两半轴无转速差，即$n_1=n_2=n_0$，$n_1+n_2=2n_0$。

同样，由于行星齿轮相当于等臂杠杆，主减速器传动差速器壳体上的转矩M_0等分给两半轴齿轮（半轴），即$M_1=M_2=M_0/2$。

②汽车转向行驶时。此时两侧驱动车轮所受到的地面阻力不同。如果汽车右转，右侧（内侧）驱动车轮所受的阻力大，左侧（外侧）驱动车轮所受的阻力小。这两个阻力经半轴、半轴齿轮反作用于行星齿轮的两啮合点A和B，如图6-12所示，使行星齿轮除了随差速器壳公转外还顺时针自转。设自转转速为n_4，则左半轴齿轮的转速增加，右半轴齿轮的转速降低，且左半轴齿轮增加的转速等于右半轴齿轮降低的转速。设半轴齿轮的转速变化为Δn，则$n_1=n_0+\Delta n$，$n_2=n_0-\Delta n$，即汽车右转时，左侧（外侧）车轮转得快，右侧（内侧）车轮转得慢，实现纯滚动。此时依然有$n_1+n_2=2n_0$。

由于行星齿轮的自转，行星齿轮孔与行星齿轮轴轴径以及齿轮背部与差速器壳体之间都产生摩擦。行星齿轮所受的内摩擦力矩M_T的方向与其自转方向相反，并传到左、右半轴齿轮，使转得快的左半轴的转矩减小，转得慢的右半轴的转矩增加。所以当左、右驱动车轮存在转速差时，$M_1=(M_0-M_T)/2$，$M_2=(M_0+M_T)/2$。但由于有推力垫片的存在，实际中的M_T很小，可以忽略不计，则$M_1=M_2=M_0/2$。

综上所述，普通齿轮式差速器的运动特性：$n_1+n_2=2n_0$；普通齿轮式差速器的转矩分配特性：$M_1=M_2=M_0/2$，即转矩等量分配特性。

2）防滑差速器

为了提高汽车通过坏路面的能力，可采用防滑差速器。当汽车某一侧驱动轮发生滑转时，差速器的差速作用即被锁止，并将大部分或全部转矩分配给未滑转的驱动轮，充分利用未滑转车轮与地面之间的附着力，以产生足够的牵引力使汽车继续行驶。

汽车上常用的防滑差速器有强制锁止差速器、高摩擦自锁差速器及托森差速器等多种形式，下面仅介绍托森差速器。

如图6-14所示为奥迪A4 3.0 quattro、奥迪TT等全轮驱动轿车前、后驱动桥之间采用的新型托森差速器。"托森"表示"转矩灵敏"，它是一种轴间自锁差速器，装在变速器后端，转矩由变速器输出轴传给托森差速器，再由差速器直接分配给前驱动桥和后驱动桥。

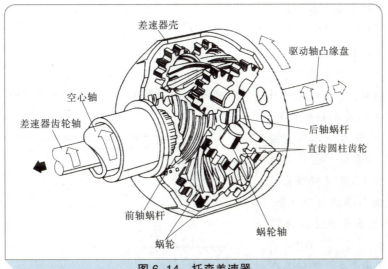

图 6-14 托森差速器

  托森差速器由差速器壳、6个蜗轮、6根蜗轮轴、12个直齿圆柱齿轮、前轴蜗杆、后轴蜗杆组成。当前、后驱动桥无转速差时，蜗轮绕自身轴自转。各蜗轮、蜗杆与差速器壳一起等速转动，差速器不起差速作用。当前、后驱动桥需要有转速差，例如汽车转弯时，因前轮转弯半径大，差速器起差速作用。此时，蜗轮除公转传递动力外，还要自转。由于直齿圆柱齿轮的相互啮合，使前、后蜗轮自转方向相反，从而使前轴蜗杆转速增加，后轴蜗杆转速减小，实现了差速。托森差速器起差速作用时，由于蜗杆蜗轮啮合副之间的摩擦作用，转速较低的后驱动桥比转速较高的前驱动桥所分配到的转矩大。若后驱动桥分配到的转矩大到一定程度而出现滑转时，则后驱动桥转速升高一点，转矩又立刻重新分配给前驱动桥一些，所以驱动力的分配可根据转弯的要求自动调节，使汽车转弯时具有良好的驾驶性。当前、后驱动桥中某一桥因附着力小而出现滑转时，差速器将起作用，将转矩大的部分分配给附着力好的另一驱动桥（最大可达3.5倍），从而提高了汽车通过坏路面的能力。

3. 半轴和桥壳

（1）半轴

1）半轴的结构

  半轴均为实心轴，其内端一般制有外花键与半轴齿轮连接。半轴外端有的直接在轴端锻造出凸缘盘；也有的制成花键与单独制成的凸缘盘滑动配合；还有的制成锥形并通过键和螺母与轮毂固定连接。

2）半轴的支承形式

  现代汽车常用半轴支承的形式为全浮式和半浮式两种。

①全浮式半轴支承。全浮式半轴支承广泛应用于各型货车上。图6-15所示为全浮式半轴支承示意图。半轴外端锻造有半轴凸缘，用螺栓紧固在轮毂上，轮毂用一对圆锥滚子轴承支承在半轴套管上，半轴套管与主减速器壳体压配成一体，组成驱动桥壳。这种支承形式，半轴与桥壳没有直接联系。半轴内端用花键与半轴齿轮套合，并通过差速器壳支承在主减速器壳的座孔中。

这种半轴支承形式，半轴只在两端承受转矩，不承受其他任何反力和弯矩，所以称为全浮式半轴支承。

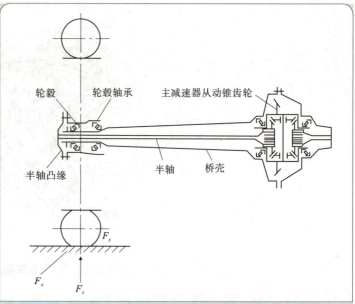

图 6-15　全浮式半轴支承示意图

全浮式半轴支承便于拆装，只需拧下半轴凸缘上的轮毂螺栓，即可将半轴抽出，而车轮和桥壳照样能支持住汽车。

②半浮式半轴支承。图6-16所示为半浮式半轴支承示意图。半轴外端制成锥形，锥面上铣有键槽，最外端制有螺纹。轮毂以其相应的锥孔与半轴上锥面配合，并用键连接，用锁紧螺母紧固。半轴用一个圆锥滚子轴承直接支承在桥壳凸缘的座孔内。车轮与桥壳之间无直接联系，而支承于悬伸出的半轴外端。因此，地面作用于车轮的各种反力都须经半轴外端的悬伸部分传给桥壳，使半轴外端不仅承受转矩，而且还要承受各种反力及其形成的弯矩。半轴内端通过花键与半轴齿轮连接，不承受弯矩，故称这种支承形式为半浮式半轴支承。

半浮式半轴支承结构简单，但半轴受力情况复杂且拆装不便，多用于反力、弯矩较小的各类轿车上。

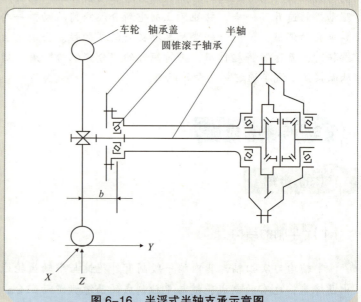

图 6-16　半浮式半轴支承示意图

（2）桥壳

驱动桥可分为整体式桥壳和分段式桥壳两种类型，整体式桥壳一般是铸造，具有较大的强度和刚度，且便于主减速器的拆装和调整，其缺点是质量大，铸造质量不易保证。因此，适用于中型以上的货车，如图6-17所示。

分段式桥壳一般分为两段，由螺栓将两段连成一体。分段式桥壳最大的缺点是拆装、维修主减速器、差速器十分不便，必须把整个驱动桥从车上拆下来，现已很少应用。

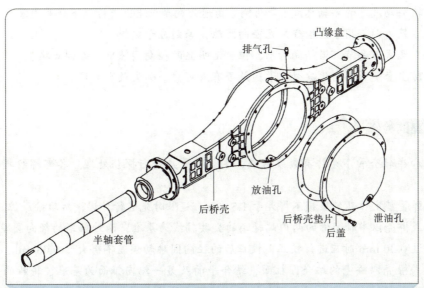

图6-17 整体式桥壳示意图

（3）半轴和桥壳的检修

半轴是在差速器与驱动轮之间传递动力，因而一般做成实心轴。其结构因驱动桥的结构形式不同而异。整体式驱动桥中的半轴为一刚性整轴。而转向驱动桥和断开式驱动桥中的半轴则分段并用万向节连接。

驱动桥壳既是传动系统的组成部分，同时也是行驶系统的组成部分。作为传动系统的组成部分，其功用是安装并保护主减速器、差速器和半轴。作为行驶系统的组成部分，其功用是安装悬架或轮毂，和从动桥一起支承汽车悬架以上各部分质量，承受驱动轮传来的反力和力矩，并在驱动轮与悬架之间传力。

由于桥壳承受较复杂的载荷，因此要求桥壳应具有足够的强度和刚度，质量小，还要便于主减速器的拆装和调整。

由上可知半轴和桥壳的检修对车辆安全、平顺行驶具有重要的作用。

1) 半轴的检修

①半轴应进行隐伤检查，不得有任何形式的裂纹存在。
②半轴花键应无明显的扭转变形。
③以半轴轴线为基准，半轴中段未加工圆柱体径向圆跳动误差不得大于 1.3 mm；花键外圆柱面的径向圆跳动误差不得大于 0.25 mm；半轴凸缘内侧端面圆跳动误差不得大于 0.15 mm。径向圆跳动超限，应进行冷压校正；端面圆跳动超限，可车削端面进行修正。
④半轴花键的侧隙增大量较原厂规定不得大于 0.15 mm。
⑤对前轮驱动汽车的半轴总成（带两侧等角速万向节）还应进行以下作业内容：
● 外端球笼万向节用手感检查应无径向间隙，否则应予更换。
● 内侧三叉式万向节可沿轴向滑动，但应无明显的径向间隙感，否则更换。
● 检查防尘套是否有老化破裂，卡箍是否有效可靠，如失效则更换。

2) 桥壳的检修

①桥壳和半轴套管不允许有裂纹存在，半轴套管应进行探伤处理。各部螺纹损伤不得超过两牙。
②钢板弹簧座定位孔的磨损不得大于 1.5 mm，超限时先进行补焊，然后按原位置重新钻孔。
③整体式桥壳以半轴套管的两内端轴颈的公共轴线为基准，两外轴颈的径向圆跳动误差超过 0.30 mm 时应进行校正，校正后的径向圆跳动误差不得大于 0.08 mm。
④分段式桥壳以桥壳的结合圆柱面、结合平面及另一端内锥面为基准，轮毂的内外轴颈的径向圆跳动误差超过 0.25 mm 时应进行校正，校正后的径向圆跳动误差不得大于 0.08 mm。
⑤桥壳承孔与半轴套管的配合及伸出长度应符合原厂规定，如半轴套管承孔的磨损严重，可将座孔镗至修理尺寸，更换相应的修理尺寸半轴套管。
⑥滚动轴承与桥壳的配合应符合原厂规定。

4. 驱动桥的功能

驱动桥处于动力传动系统的末端，其基本功能是：
①将万向传动装置传来的发动机转矩通过主减速器、差速器、半轴等传到驱动车轮，实现降速增大转矩。
②通过主减速器圆锥齿轮副改变转矩的传递方向。
③通过差速器实现两侧车轮差速作用，保证内、外侧车轮以不同转速转向。
④通过桥壳体和车轮实现承载及传力矩。

任务二　驱动桥的分类

一、驱动桥的分类

驱动桥主要由主减速器、差速器、半轴和驱动桥壳等组成。它的作用是将万向传动装置传来的动力折过 90°，改变力的传递方向，并由主减速器降低转速，增大转矩后，经差速器分配给左、右半轴和驱动轮。

1. 按工作特性分

驱动桥按工作特性分，可以归并为两大类，即非断开式驱动桥和断开式驱动桥。当驱动车轮采用非独立悬架时，应该选用非断开式驱动桥；当驱动车轮采用独立悬架时，则应该选用断开式驱动桥。因此，前者又称为非独立悬架驱动桥，后者称为独立悬架驱动桥。独立悬架驱动桥结构较复杂，但可以大大提高汽车在不平路面上的行驶平顺性。

（1）非断开式驱动桥

普通非断开式驱动桥，如图 6-18 所示。由于其结构简单，造价低廉，工作可靠，被广泛用在各种载货汽车、客车和公共汽车上，在多数的越野汽车和部分轿车上也采用这种结构。它们的具体结构，特别是桥壳结构虽然各不相同，但是有一个共同特点，即桥壳是一根支承在左、右驱动车轮上的刚性空心梁，齿轮及半轴等传动部件安装在其中。这时整个驱动桥、驱动车轮及部分传动轴均属于簧下质量，汽车簧下质量较大，这是它的一个缺点。

图 6-18　非断开式驱动桥

驱动桥的轮廓尺寸主要取决于主减速器的型式。在汽车轮胎尺寸和驱动桥下的最小离地间隙已经确定的情况下，也就限定了主减速器从动齿轮直径的尺寸。在给定速比的条件下，如果单级主减速器不能满足离地间隙要求，应该用双级结构。在双级主减速器中，通常把两级减速器齿轮放在一个主减速器壳体内,也可以将第二级减速齿轮作为轮边减速器。对于轮边减速器:越野汽车为了提高离地间隙,可以将一对圆柱齿轮构成的轮边减速器的主动齿轮置于其从动齿轮的垂直上方;公共汽车为了降低汽车的重心高度和车厢地板高度,以提高稳定性和乘客上、下车的方便,可将轮边减速器的主动齿轮置于其从动齿轮的垂直下方;有些双层公共汽车为了进一步降低车厢地板高度,在采用圆柱齿轮轮边减速器的同时,将主减速器及差速器总成也移到一个驱动车轮的旁边。

在少数具有高速发动机的大型公共汽车、多桥驱动汽车和超重型载货汽车上,有时采用蜗轮式主减速器,它不仅具有在质量小、尺寸紧凑的情况下可以得到大的传动比以及工作平滑无声的优点,而且对汽车的总体布置很方便。

(2)断开式驱动桥

断开式驱动桥区别于非断开式驱动桥的明显特点在于没有连接左、右驱动车轮的刚性整体外壳或梁,如图6-19所示。断开式驱动桥的桥壳是分段的,并且彼此之间可以做相对运动,所以这种桥称为断开式的。另外,它总是与独立悬挂相匹配,故又称为独立悬挂驱动桥。这种桥的中段,主减速器及差速器都是悬置在车架横梁或车厢底板上,或与脊梁

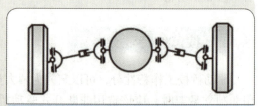

图6-19 断开式驱动桥

式车架相连。主减速器、差速器与传动轴及一部分驱动车轮传动装置的质量均为簧上质量。两侧的驱动车轮由于采用独立悬挂则可以彼此独立地相对于车架或车厢作上、下摆动,相应地就要求驱动车轮的传动装置及其外壳或套管作相应摆动。

汽车悬挂总成的类型及其弹性元件与减震装置的工作特性是决定汽车行驶平顺性的主要因素,而汽车簧下部分质量的大小,对其平顺性也有显著的影响。断开式驱动桥的簧下质量较小,又与独立悬挂相配合,致使驱动车轮与地面的接触情况及对各种地形的适应性比较好,由此可大大地减小汽车在不平路面上行驶时的振动和车厢倾斜,提高汽车的行驶平顺性和平均行驶速度,减小车轮和车桥上的动载荷及零件的损坏,提高其可靠性及使用寿命。但是,由于断开式驱动桥及与其相配的独立悬挂的结构复杂,故这种结构主要见于对行驶平顺性要求较高的一部分轿车及一些越野汽车上,且后者多属于轻型以下的越野汽车或多桥驱动的重型越野汽车。

2.按减速机构类型分

(1)中央单级减速驱动桥

中央单级减速驱动桥是驱动桥结构中最为简单的一种,是驱动桥的基本形式,在重型卡车中占主导地位。一般在主传动比小于6的情况下,应尽量采用中央单级减速驱动桥。目前的中央单级减速器趋于采用双曲线螺旋伞齿轮,主动小齿轮采用骑马式支承,有差速锁装置供选用。

任务二　驱动桥的分类

（2）中央双级减速驱动桥

　　在国内目前的市场上，中央双级驱动桥主要有两种类型：一类载重汽车后桥设计，如伊顿系列产品，事先就在单级减速器中预留好空间，当要求增大牵引力与速比时，可装入圆柱行星齿轮减速机构，将原中央单级改成中央双级驱动桥，这种改制"三化"（即系列化、通用化、标准化）程度高，桥壳、主减速器等均可通用，锥齿轮直径不变；另一类如洛克威尔系列产品，当要增大牵引力与速比时，需要改制第一级伞齿轮后，再装入第二级圆柱直齿轮或斜齿轮，变成要求的中央双级驱动桥，这时桥壳可通用，主减速器不通用，锥齿轮有两个规格。由于上述中央双级减速桥均是在中央单级桥的速比超出一定数值或牵引总质量较大时，作为系列产品而派生出来的一种型号，它们很难变型为前驱动桥，使用受到一定限制；因此，综合来说，双级减速桥一般均不作为一种基本型驱动桥来发展，而是作为某一特殊考虑而派生出来的驱动桥存在。

（3）中央单级、轮边减速驱动桥

　　轮边减速驱动桥较为广泛地用于油田、建筑工地、矿山等非公路车与军用车上。当前轮边减速桥可分为两类：一类为圆锥行星齿轮式轮边减速桥；另一类为圆柱行星齿轮式轮边减速驱动桥。圆锥行星齿轮式轮边减速桥由圆锥行星齿轮式传动构成的轮边减速器，轮边减速比为固定值2，它一般均与中央单级桥组成为一系列。在该系列中，中央单级桥仍具有独立性，可单独使用，需要增大桥的输出转矩，使牵引力增大或速比增大时，可不改变中央主减速器而在两轴端加上圆锥行星齿轮式减速器即可变成双级桥。这类桥与中央双级减速桥的区别在于：降低半轴传递的转矩，把增大的转矩直接增加到两轴端的轮边减速器上，其"三化"程度较高。但这类桥因轮边减速比为固定值2，因此，中央主减速器的尺寸仍较大，一般用于公路、非公路军用车。圆柱行星齿轮式轮边减速桥，单排、齿圈固定式圆柱行星齿轮减速桥，一般减速比在3至4.2之间。由于轮边减速比大，因此，中央主减速器的速比一般均小于3，这样大锥齿轮就可取较小的直径，以保证重型卡车对离地间隙的要求。这类桥比单级减速器的质量大，价格也要贵些，而且轮谷内具有齿轮传动，长时间在公路上行驶会产生大量的热量而引起过热；因此，作为公路车用驱动桥，它不如中央单级减速桥。

　　随着我国公路条件的改善和物流业对车辆性能要求的变化，载重汽车驱动桥技术已呈现出向单级化发展的趋势。单级减速驱动车桥是驱动桥中结构最简单的一种，制造工艺较简单，成本较低，是驱动桥的基本型，在重型卡车上占有重要地位；目前重型卡车发动机向低速大扭矩发展的趋势使得驱动桥的传动比向小速比发展；随着公路状况的改善，特别是高速公路的迅猛发展，许多重型卡车使用条件对汽车通过性的要求降低，因此，重型卡车产品不必像过去一样，采用复杂的结构提高其通过性；与带轮边减速器的驱动桥相比，由于产品结构简化，单级减速驱动桥机械传动效率提高，易损件减少，可靠性增加。

　　发动机的动力经过变速器输出后，必须经过主减速器和差速器才能传递给车轮，对于前轮驱动的汽车，如我们常见的轿车，主减速器和差速器设计在变速器壳体内；对于后轮驱动的汽车，如客车和货车，主减速器和差速器安装在后轿内。

二、多桥驱动的布置

为了提高装载量和通过性，有些重型汽车及全部中型以上的越野汽车都是采用多桥驱动，常采用的有 4×4、6×6、8×8 等驱动型式。在多桥驱动的情况下，动力经分动器传给各驱动桥的方式有两种。相应这两种动力传递方式，多桥驱动汽车各驱动桥的布置型式分为非贯通式与贯通式。前者为了把动力经分动器传给各驱动桥，需分别由分动器经各驱动桥自己专用的传动轴传递动力，这样不仅使传动轴的数量增多，且造成各驱动桥的零件特别是桥壳、半轴等主要零件不能通用。而对 8×8 汽车来说，这种非贯通式驱动桥就更不适宜，也难于布置了。

为了解决上述问题，现代多桥驱动汽车都是采用贯通式驱动桥的布置型式。

在贯通式驱动桥的布置中，各桥的传动轴布置在同一纵向铅垂平面内，并且各驱动桥不是分别用自己的传动轴与分动器直接连接，而是位于分动器前面的或后面的各相邻两桥的传动轴，是串联布置的。汽车前、后两端的驱动桥的动力，是经分动器并贯通中间桥而传递的。其优点是不仅减少了传动轴的数量，而且提高了各驱动桥零件的相互通用性，并且简化了结构、减小了体积和质量。这对于汽车的设计(如汽车的变形)、制造和维修，都带来了方便。

任务三 驱动桥的拆装

汽车行驶时，驱动桥的受力情况十分复杂。各传递动力的零件，由于接近最终传动，其所受的各种应力远远大于传动系统的其他部位。

一、驱动桥的拆装

1. 后桥的分解

①放出后桥主传动器壳内的齿轮油。
②把车的后方顶起，用支架支撑在车架的下方，位置在后钢板弹簧稍稍向前一点。
③卸下后车轮、制动毂和半轴。
④使后制动轮管和前面的制动管路分离。
⑤松开制动轮管和前面的制动管路分离。
⑥对于装有减振器的车，要把减振器卸下，用行走式千斤顶支起桥壳。
⑦拆掉传动轴后万向节叉和主减速器上的万向节凸缘叉的螺栓，使它们分离，然后卸下传动轴。
⑧卸下后钢板弹簧的 U 形螺栓，一边左、右摇晃一边向后拉出后桥。
⑨独立悬挂的结构形式，也可采用和一般结构形式大体相同的方法拆下。

2. 驱动轮、半轴与轴承的分解

①对于轿车，拆下轮毂罩盖后，拧松轮毂螺栓，把车的后方顶起，用支架把后桥的左、右固定，把后车轮和制动鼓一起卸下。

②对于载货汽车和大型客车的双式车轮，先松开轮毂螺栓，拆下外侧的车轮，然后把内侧车轮和制动鼓一起拆下。

③把制动管从轮缸上卸下。

④对于半浮式半轴，利用轮毂螺栓把滑动锤装上，然后使锤滑动，用它的冲击力，把半轴从轴管中拔出。

⑤对于半轴在差速器一侧有C形锁止垫片的结构形式，必须先取下C形锁止垫片。

⑥对于半浮式半轴，要预先拆下制动底板，把它吊起在车架之上。

⑦对于全浮式半轴，卸下半轴螺栓之后，就能抽出半轴。此时，如果抽不动时，可把两个轴螺钉拧入半轴凸缘上的两个卸半轴的专用螺孔中，用螺钉把半轴顶出。采用这种方法可以很容易地抽出半轴。

⑧对于全浮式半轴，为了卸下后轮毂轴承，可使车轮处于浮动状态，摇动车轮往外拉，直到外边的轴承落下。这样就可在车轮与轮毂连接着的状态下取下轴承，也有的外部轴承能和密封垫一起从轮毂上拆下。

⑨从后轮轮毂上打下轴承的外圈。

3. 差速器的分解

普通差速器的分解步骤如下。

①先放出主减速器壳中的齿轮油。

②对于组合形式或整体式的桥壳，它的主减速器内的主动小齿轮是由两个圆锥滚子轴承在减速器壳内，从动齿轮装在差速器壳上，差速器壳两侧用轴承支承起来，并且主减速器的主、从动齿轮处于咬合状态。分解时，首先把桥壳后盖和密封纸垫一起拆下。

③拆下差速器支承轴调整螺母的制动装置，把调整螺母和垫片一起拆下，然后拆下轴承座盖，如图6-20所示。

④按图6-20（b）所示的方法取出差速器总成。

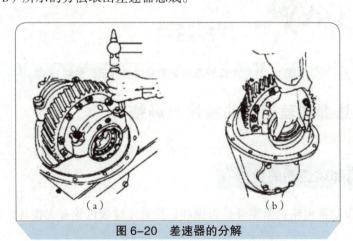

图6-20　差速器的分解

（a）松开锁片；（b）取出差速器

⑤分解差速器时，应于分解前在差速器壳的分割面上打上标记。

⑥组装时，大致按与分解时相反的顺序进行。

⑦采用整体式桥壳时，鼓形桥壳、差速器和减速器主、从动齿轮等，是作为一个整体安装在减速器支座上的，这个减速器总成是用螺钉安装在桥壳上（通常用在载货汽车上）。因此，对于这种结构形式，在卸下传动轴从后桥中抽出半轴之后，可在差速器总成与减速器支座仍然连接着的状态下，把减速器总成卸下。分解方法与前面相同。

⑧在减速器从动齿轮上有止推销时，预先要松开锁止螺母，把螺塞和止推销一起拿掉。

二、差速器的检修与调整

差速器是将主减速器传来的动力传给左、右两半轴，并在必要时允许左、右半轴以不同的转速旋转，使左、右驱动车轮相对地面纯滚动而不是滑动。一般来说，差速器壳与主减速器中的从动锥齿轮用螺栓刚性连接在一起，共用一对圆锥滚子轴承支承。因此，差速器的拆装、检修及调整是与主减速器一起进行的。下面以大众轿车单级主减速器为例进行介绍。

大众轿车单级主减速器的结构分解如图6-21所示。由于发动机纵向前置、前轮驱动，整个传动系统都集中布置在汽车前部，所以变速器输出轴即为主减速器主动轴。主减速器由一对准双曲面锥齿轮组成。差速器壳由一对圆锥滚子轴承支承在变速器壳体上。主动锥齿轮与变速器输出轴制为一体，用双列圆锥滚子轴承和圆柱滚子轴承支承在变速器壳体内，属于悬臂式支承。环状的从动锥齿轮靠凸缘定位，并用螺栓与差速器壳连接。

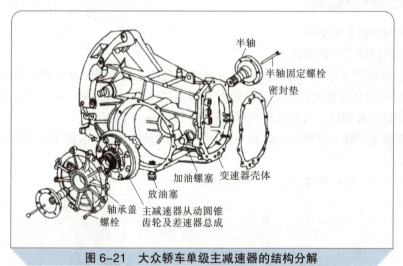

图6-21 大众轿车单级主减速器的结构分解

三、主减速器和差速器的检修与调整

1. 主减速器和差速器的检修

①检查车速表主动锥齿轮锁紧螺母是否损坏；检查车速表齿轮有无损坏，齿轮和轴承配合是否松动。

②检查差速器中行星齿轮的磨损情况，看其是否有裂纹、缺齿及烧蚀等现象。

③检查复合式止推垫圈有无磨损和折断现象,并检查行星齿轮轴轴颈磨损情况。
④检查法兰盘花键与半轴齿轮花键磨损情况。

2. 主减速器和差速器的调整

主动锥齿轮和从动锥齿轮的调整正确与否,对于主减速器的使用寿命和运转平稳性起着决定性作用。主减速器和差速器总成拆装后,特别是更换某些零部件后,必须通过精确测量、计算,选出合适的调整垫片;通过改变垫片 S_3 的厚度来轴向移动变速器输出轴上的主动齿轮,使啮合印痕在最佳位置;通过改变垫片 S_1(从动锥齿轮一侧)、S_2(与从动锥齿轮相对的一侧)的厚度来轴向移动从动齿轮,使啮合间隙在规定的公差范围内,如图6-22所示。

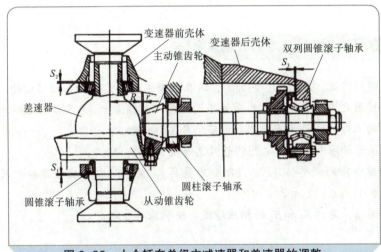

图6-22 大众轿车单级主减速器和差速器的调整

(1)主动锥齿轮和从动锥齿轮标志

主动锥齿轮和从动锥齿轮的标记如图6-23所示。图中字母和数字含义如下:
① 0937是标记,表示传动比为9∶37。
② 312表示主动锥齿轮与从动锥齿轮的配对号码。
③ $r(25)$:在生产过程中使用特殊检验机器测量的校对规的偏差"r",偏差"r"是以1/100 mm 标出的,25就意味 $r=0.25$ mm。
④ V_0 表示双曲线偏心距为13 mm。
⑤ R_0 表示用特殊检验机器使用校对规的长度,$R_0=50.70$ mm。
⑥ R 表示从动锥齿轮轴和主动锥齿轮端面之间的实际尺寸(当这套组件处于最平稳运转时)。

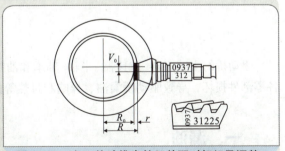

图6-23 主、从动锥齿轮组件配对标记及调整

（2）主减速器和差速器的调整项目

主减速器和差速器的调整项目包括主动锥齿轮轴承预紧度的调整、差速器轴承预紧度的调整以及主、从动锥齿轮印痕（正确的接触面）与间隙的调整。

（3）主减速器和差速器总成的调整部位

从动锥齿轮和主动锥齿轮总成的调整部位如图6-22所示。与理论上的尺寸$R(R=50.7\text{mm})$成比例的偏差r，在生产过程中已经测量好了，并把它刻在从动锥齿轮的外侧。主动锥齿轮和从动锥齿轮只能一起更换。

（4）主减速器和差速器总成的调整顺序

根据零件的排列情况，会出现"间隙"，这在调整主动锥齿轮和从动锥齿轮时应予以考虑。因此，在拆卸变速器之前，最好测量齿面的平均间隙以及偏差r。只要修理影响到主动锥齿轮和从动锥齿轮位置的零部件，必须重新测定调整垫片S_1、S_2和S_3。

① 求出圆锥滚子轴承和差速器之间的垫片总厚度$S_总=S_1+S_2$。

② 确定主动锥齿轮的调整垫片S_3（使用专用量具），要求从动锥齿轮顶端的尺寸应与说明书中安装尺寸一致，如图6-22所示。

③ 调整齿轮侧隙，通过S_1和S_2的相应增减，使侧隙符合规定。

任务四　驱动桥常见故障的检修

驱动桥的主减速器、差速器、半轴、轴承和油封等长期承受冲击载荷，会使其各配合副磨损严重、各零部件损坏，导致驱动桥漏油、异响和过热等故障发生。

一、漏油

1. 现象

从驱动桥油封、各接合面处、放油口或加油口螺塞处可见到明显漏油痕迹。

2. 原因

①油封磨损、硬化，油封装反，油封与轴颈不同轴，油封轴颈磨成沟槽。
②接合平面变形、加工粗糙，密封衬垫太薄、硬化或损坏，紧固螺钉松动或损坏。
③加油口、放油口螺塞松动或损坏。
④齿轮油加注过多，运转中壳体内压增高，使齿轮油渗出。
⑤桥壳有铸造缺陷或裂纹。
⑥通气孔堵塞。

3. 故障诊断与排除方法

①检查加油口或放油口螺塞是否松动，若松动应拧紧。
②检查油封是否损坏，若损坏应更换。
③检查通气孔是否堵塞，若堵塞应清理。
④检查桥壳是否出现裂纹，若有裂纹，应更换驱动桥总成。

二、异响

1. 现象

①汽车直线行驶时无异响，当汽车转弯时驱动桥处有异响。
②行驶时驱动桥有异响，脱挡滑行时亦有异响。
③行驶时驱动桥有异响，脱挡滑行时异响减弱或消失。
④汽车上坡或下坡时后桥有异响，或上、下坡时驱动桥都有异响。
⑤车轮有运转噪声或沉重的异响。

2. 原因

①主、从动锥齿轮啮合不良；圆锥和圆柱主、从动齿轮啮合间隙不均；圆锥和圆柱主、从动齿轮、行星齿轮、半轴齿轮啮合间隙过大；半轴齿轮花键槽与半轴的配合松旷；齿轮齿面损伤或轮齿折断。
②主、从动锥齿轮轴承松旷；主动圆柱齿轮轴承松旷；差速器圆锥滚子轴承松旷；后桥中某个轴承由于预紧力过大，导致间隙过小；主、从动锥齿轮调整不当，间隙过小。
③差速器行星齿轮与半轴齿轮不匹配，造成啮合不良；行星齿轮、半轴齿轮磨损或折断；差速器十字轴轴颈磨损；行星齿轮支承垫圈磨薄；行星齿轮与差速器十字轴卡滞或装配不当，造成行星齿轮转动困难，减速器从动齿轮与差速器壳的紧固铆钉松动。
④车轮轮毂轴承外圈松动，轴承损坏；制动鼓内有异物；车轮轮辋破碎；车轮轮辋、轮胎螺栓孔磨损过大，使轮辋固定不牢。
⑤驱动桥某一部位的齿轮啮合间隙过小，导致汽车上坡时发响；后桥某一部位的齿轮啮合间隙过大，导致汽车下坡时发响；后桥某一部位的齿轮啮合印痕不当或齿轮支承轴承松旷，导致

汽车上、下坡时都发响。

3. 故障诊断与排除方法

（1）停车检查

①检查齿轮油是否过少，若过少应加注齿轮油。
②齿轮油变稀或变质，应更换齿轮油。
③用手晃动传动轴，检查减速器齿轮的啮合间隙是否过于松旷，视检查情况调整。

（2）路试检查

①汽车行驶中，若车速越高响声越大，脱挡滑行减弱或消失，说明主减速器轴承磨损松旷，应调整或更换。
②汽车行驶或滑行时，响声不减弱或不消失，说明主动锥齿轮轴承、差速器轴承松旷，应调整或更换。
③汽车直线行驶时发响，减速器齿轮的轮齿有损坏，应更换。
④转弯时有异响，直行时异响消失，差速器行星齿轮损坏或行星齿轮轴润滑不良，应更换。

三、过热

1. 现象

汽车行驶一段里程后，用手探试驱动桥壳中部或主减速器壳，有无法忍受的烫手感觉。

2. 原因

①齿轮油变质、油量不足或牌号不符合要求。
②轴承调整过紧。
③齿轮啮合间隙和行星齿轮与半轴齿轮啮合间隙调整太小。
④推力垫片与主减速器从动齿轮间隙过小。
⑤油封过紧和各运动副、轴承润滑不良而产生干（或半干）摩擦。

3. 故障诊断与排除方法

检查驱动桥中各部分受热情况。

（1）局部过热

如果油封处过热，则故障由油封过紧引起；如果轴承处过热，则故障由轴承损坏或调整不当引起；如果油封和轴承处均不过热，则故障由推力垫片与主减速器从动齿轮间隙过小引起。

（2）普遍过热

检查齿轮油油面高度：油面太低，则故障由齿轮油油量不足引起；否则检查齿轮油规格、黏度或润滑性能。如果检查结果不符合要求，则故障由齿轮油变质或规格不符引起；否则检查主减速器齿轮啮合间隙的大小。松开驻车制动器，变速置于空挡，轻轻转动主减速器的缘盘；若转动角度太小，则故障由主减速器齿轮啮合间隙太小引起；若转动角度正常，则故障由差速器行星齿轮与半轴齿轮啮合间隙太小引起。

一、填空题

1. 驱动桥是由_____、_____、_____和_____四部分组成。
2. 主减速器按齿轮副的数目分_____式和_____式；按齿轮副的结构形式分_____式和_____式。
3. 应用最广泛的普通齿轮差速器为_____。
4. 差速器按其功能可分为_____和_____。
5. 托森差速器由_____、_____、_____、_____、_____和_____组成。
6. 现代汽车常用半轴支承的形式为_____和_____两种。
7. 当汽车直线行驶时，行星齿轮只有_____转，没有_____转，此时差速器壳、行星齿轮及半轴齿轮的转速_____。
8. 驱动桥常见故障有_____。
9. 驱动桥壳既是传动系统的组成部分，同时也是_____的组成部分。

二、判断题

1. 整体式驱动桥与非独立悬架配用。（　　）
2. 断开式驱动桥与非独立悬架配用。（　　）
3. 要先进行轴承预紧度的调整，再进行锥齿轮啮合的调整。（　　）
4. 锥齿轮啮合调整时，啮合间隙首要，啮合印痕次要，否则将加剧齿轮磨损。（　　）
5. 汽车直线行驶时，两半轴存在转速差。（　　）
6. 全浮式半轴支承半轴只在两端承受转矩，不承受其他任何反力和弯矩。（　　）
7. 半浮式半轴支承半轴只在两端承受转矩，不承受其他任何反力和弯矩。（　　）
8. 半浮式半轴支承结构简单，但半轴受力情况复杂且拆装不便，多用于反力、弯矩较小的

各类轿车上。（　　）

9. 全浮式半轴支承广泛应用于各型轿车上。（　　）

10. 装有普通锥齿轮差速器的汽车，当一侧驱动轮完全打滑，另一侧驱动轮在好路面上，汽车不能起步行驶。（　　）

11. 全浮式半轴支承，即便抽出半轴，车轮与桥壳照样能支持汽车。（　　）

三、选择题

1. 汽车转弯行驶时，差速器中的行星齿轮（　　）。
   A. 自转　　　　B. 公转　　　　C. 不转　　　　D. 边自转边公转

2. EQ1090的主减速器主动齿轮采用（　　）。
   A. 跨置式　　　B. 对置式　　　C. 悬臂式　　　D. 侧置式

3. 在驱动轮与差速器半轴齿轮之间传递动力的零件是（　　）。
   A. 主减速器　　B. 差速器　　　C. 半轴　　　　D. 驱动桥壳

4. 四轮驱动越野汽车的前桥属于（　　）。
   A. 转向桥　　　B. 驱动桥　　　C. 转向驱动桥　D. 支持桥

5. 断开式驱动桥的半轴（　　）。
   A. 必须分成两段　　　　　　　B. 必须分成三段
   C. 必须是整体的　　　　　　　D. 以上几种均可

6. 当差速器壳的速度为零时，如一侧半轴齿轮受外力矩而旋转时则另一半轴以（　　）。
   A. 不同的转速反向旋转　　　　B. 相同的转速同向旋转
   C. 相同的转速反向旋转　　　　D. 不同的转速同向旋转

7. 全浮式半轴不承受（　　）的作用。
   A. 转矩　　　　B. 弯矩　　　　C. 反力　　　　D. 转矩、弯矩和反力

8. 汽车的左驱动轮在良好的路面上不动，而右侧驱动轮在不好的路面上打滑空转，则右侧半轴转速与差速器壳转速的关系是（　　）。
   A. 半轴转速大于差速器壳转速　　B. 半轴转速等于差速器壳转速
   C. 半轴转速小于差速器壳转速　　D. 半轴转速等于差速器壳转速2倍

参 考 文 献

[1] 李黎华. 汽车传动系统的诊断与维修[M]. 北京：机械工业出版社，2011.
[2] 邱志华，张发. 汽车传动系统维修工作页（第二版）[M]. 北京：人民交通出版社，2013.
[3] 杨二杰，陈传建，雍朝康. 汽车传动系统维修[M]. 成都：西南交通大学出版社，2014.
[4] 曾丹，郭建英. 汽车传动系统维修[M]. 北京：人民交通出版社，2017.
[5] 樊永强，罗雷鸣. 汽车传动系统维修[M]. 北京：人民交通出版社，2012.
[6] 屠卫星，谢剑. 汽车传动与制动系统维修（第3版）[M]. 西安：西安交通大学出版社，2018.